AF202547

Wolfgang Müller (Hrsg.)
Geniale Dilletanten

*Blixa Bargeld, Tabea Blumenschein,
Alexander von Borsig, Frieder Butzmann,
Dagmar Dimitroff, Gudrun Gut, Klaus
Hoffmann, Detlev Holland-Moritz,
Michael Jarick, Klaus Laufer, Matthias
Levin, H.M. Marquardt, Mutfak, Udo
Ohliger, Thomas Schönball, Nikolaus
Utermöhlen u.v.a.*

Merve Verlag Berlin

ⓒ 1982 by Merve Verlag GmbH, 1 Berlin 15
Postfach 327. Printed in Germany.Druck
und Bindearbeiten: Dressler,Berlin. Um-
schlagentwurf. "Betrieb" Köln.

ISBN 3-88396-021-7

INHALT

Zum Geleit:

Unsre Musik sind keine Töne mehr, es ist
auch nicht wichtig was es für Klänge sind,
es ist nur noch wichtig was es ist
und noch dazu *parteiisch.*
Die Maschiene funktioniert, alle sind wir
Geiseln. In einem schalltoten Raum gibt es
zwei Töne, einen hohen (das Geräusch
des arbeitenden Nervensystems) und einen
tiefen (den des pulsierenden Blutes) oder
umgekehrt. Wir machen keine Fehler mehr,
wir werden nichts bei geschlossenem
Fenster wiederholen, schrei dich zu Tode.
Das ist mehr als richtig.

Venceremos
BLIXA BARGELD

Foto: E. Cofton

Die wahren Dilletanten
Wolfgang Müller

In der Ankündigung der "großen Untergangsshow",
dem "Festival der genialen Dilletanten" fällt dem
Kulturprofi die eigenartige Schreibweise des Wortes "Dilettant" auf. So findet der proffessionelle
und überzeugte Musiker die Bestätigung eines alten Vor-urteils, erster Hinweis auf seine, mit diesem
Begriff verbundene, scheinbar berechtigte Abwehr
gegen diese Form der Artikulation.
Der Anspruch auf Selbst-Begreifen/Selbst-Urtei-
len, die für das Entstehen von Kritiken notwendig
sind, hat Goethe unter dem Begriff des "Dilettantis-
mus" versammelt. So sind diese Reflexionen bis zum
heutigen Tag einer negativen Wertung ausgesetzt.
In seinem Essay über Kulturdilettanten und Zivili-

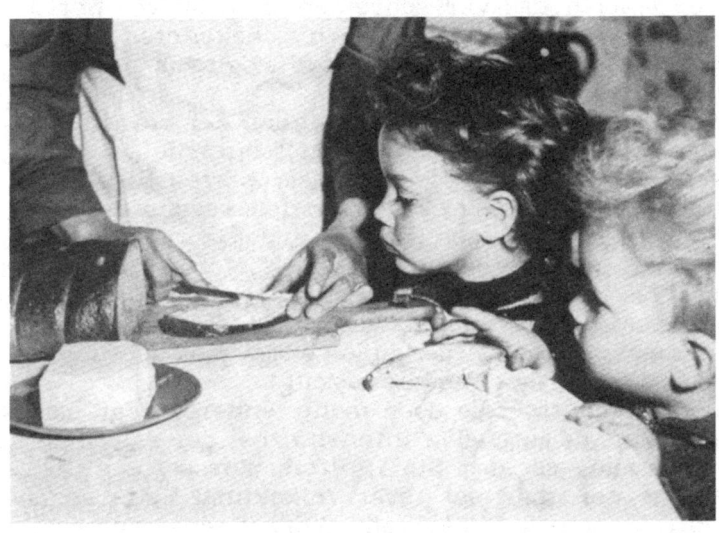

Foto: F.D.A.

sationsprofis stellt Bazon Brock fest:"Wer wollte
sich schon gern als Dilettanten bezeichnet sehen,
auch nicht dann,wenn Goethe sich selbst als einen
solchen Dilettanten empfand." (1) Die von Goethe
formulierte Situation bestand aus der Zurückwei-
sung der Extreme zwischen akademischer Stuben-
hockerei und Do-it-Yourself Pathos. Heute,so kon-
statiert Brock,läßt sich diese Zielsetzung in ihrer
Bedeutung erst wieder ganz verstehen: Persönlich-
keitsbildung,Individuation,ist die unabdingbare
Voraussetzung für die Fähigkeit des Einzelnen,in
einem sozialen Verband voll integriert zu leben.
Diese Lebenszusammenhänge,wie es heute formu-
liert wird,müssen bei der "Falsch"-Schreibung des
Wortes berücksichtigt werden,wenn man die von B.
Bargeld kreierte Neu-Formulierung,die gewiß nicht
mißverständlich von der Ursprungsbedeutung her
ist,in den richtigen Kontext setzen will (2). Das
Ver-spielen,das Ver-schreiben als positiver Wert,
als Möglichkeit zu neuen,noch unbekannten Ausdrucksformen zu gelangen, soll möglichst univer-
sell angedeutet werden.
Mit dem allmählichen Verschwinden der sprachli-
chen Dialekte durch eine Einheitssprache,von den
großen Medien erzeugt,fällt dem wahren Dilletanten hier ein weiteres Feld zur Beackerung zu(3).
"Fehlerhafte" sprachliche Ausdrucksformen,wie
Stottern,das Verschlucken von Wörtern,Vergessen
von Textteilen bei Gesangseinlagen sind für den
Dilletanten eben Realität und interessantes For-
schungsgebiet,das bei eingehender Betrachtung
neue Formen und Inhalte erzeugt.
Die "Genialität",die doch nichts anderes vage um-
schreibt,als intensive Intensität bei der Auseinandersetzung mit dem Stoff,gilt als Vorsatz des Dilletanten,der nicht bei purer Volkskunst Halt machen
will. Die Musik-Experimente vergangener Zeiten,
die meist isoliert in künstlerischem Rahmen, dem

Volk wenig Interesse entlocken konnten - der Gegen-
satz zwischen anspruchsvoller Experimentalmusik
und der Volksmusik war viel krasser als heute -
finden in einer Symbiose mit do-it-yourself-Versu-
chen,eben neuem Verständnis der Begrifflichkeit
"Volksmusik","Stil" genialen Un-Wissens,bzw.Wis-
sens.
Dilletantismus auf musikalischen (aber auch allen
anderen möglichen) Bereichen hat nichts mit Still-
stand durch Nicht-Professionalität zu tun - ganz
im Gegenteil - Entwicklung unter Einbeziehung aller möglichen und angeblich unmöglichen Bereiche,
kann ein universellen Ausdruck finden,dem die Profis hilflos unterlegen sind.
Schwerpunkte oder Ausgangspunkte,ob es nun das
Stricken von Pullovern oder Musizieren mit der Fa-
milie ist,findet man bei jedem Dilletanten.
Mit der endlosen Kette der Verfeinerung und Ver-

Foto: F.D.A.

Komplizierung von Instrumenten/Aufnahmetechniken, die einen "Fortschritt" dort aufzeigen wollen, wo Leere sichtbar wird, kann Dilletantismus in provozierender Form einen Schock auslösen, indem er diesen sog. Fortschritt - der in seinen Grundgedanken zutiefst überaltert ist - mit Lärm und Krach attackiert (4).

Lärm und Krach kann jeder machen(5), dazu braucht man keine Digital-Aufnahmetechnik oder ein 36 Spur Studio mit tausend Raffinessen. Die Vertreter des Fortschritts sehen die Gefahr, die auf sie zukommen könnte, wehren sie ab, indem sie die negative Substanz, die in den Wörtern wie Krach/Lärm und Chaos vorhanden ist, entsprechend herausstellen und als einziges Merkmal dieser Geräuscherzeugung denunzieren. Heilsamer Lärm ist dagegen ein Konzentrat verschiedenster Inhalte; Medikamente und Genußmittel zugleich, kann er Befreiung anregen.

Schockierender für den ernsthaften Musiker - wie er sich selbst versteht - ist die Tatsache, daß geniale Dilletanten oft schon nach kurzer Zeit die gleichen Schönklänge erzeugen können, die doch eigentlich dem Laien für immer etwas fremdes sein sollten.

Keinesfalls braucht man die Tatsache der verfeinerten Technik und der damit verbundenen Möglichkeiten zu verschmähen, wo sie nun schon da ist, kann sie auch benutzt werden, wenn es notwendig erscheint.

Der Dilletantismus leidet keinen Schaden; die Bedeutung, die im Schönklang liegt - sei es eine treffende Persiflage desselben - entscheidet über den Wert der Information.

Die Gefahr, die diese Möglichkeit mit sich bringt, ist die Überzeugung, nun ein "richtiger Musiker", ein Profi zu sein. Auf dieser Fehleinschätzung beruhen auch die Mißverständnisse des mit der Materie nicht vertrauten Hörers, der Dilletanten wie Hendrix und seine Gitarrenakrobatik mit profihaften charismatischen Zügen versieht (6).

Ernsthafte Musiker, verbissen, stur und unfreiwil-

Foto: F.D.A.

13

lig komisch,können keine lustigen Geräusche erzeugen,denn um Unbekanntes zu finden,muß man Freude am Spielen haben,am lustvollen Spiel,das durchaus mit heftigen Schmerzen (7) gepaart sein kann. Wer den Gedanken des Dilletantismus richtig verstanden hat,kann niemals ein ernsthafter Musiker werden,das wäre ja der Tod selbst.

---

(1) "Ästhetik als Vermittlung",Bazon Brock/DuMont 1977
(2) "Universal-Dilletant" B. Bargeld
(3) "Vom Stümmeln der Sprache",Doris Teschner/Real-Edition 1980
(4) Zum Beispiel spielt Jackie Eldorado aus lauter Liebe Popsongs.
(5) Fußnotation: "Vielfalt statt Einfalt,Kleinheit statt Einheit".Natürlich steigt mit der Vielfalt auch die Menge der produzierten Einfalt,die breite Vermehrung von Platten und Kassetten,die Möglichkeit eines jeden,selber Geräusche herzustellen/zu vervielfältigen, macht die Durchschaubarkeit des Materials nahezu unmöglich.
Die Möglichkeiten der Umsetzung auch radikalster Musik (nicht nur rechts- oder linksradikal,auch oben/unten,vorn/hinten etc.) steigen.Tauschmöglichkeiten, die den üblichen Weg (Geld/Musik)(Konsument/Musiker) endlich abschaffen könnten,sind durch bewußte Konsumenten,die zu Musikern werden - unter dem Selbstbewußtsein des Dilletantentums oder der Parole: Jeder ist ein Musiker ("Jeder ist ein Künstler!" Joseph Beuys) - zur akuten Realität geworden.
Die Abneigung der altgedienten und überzeugten Musiker den "blutigen Laien" etc. gegenüber,die "nicht einmal einen Ton halten können", ist verständlich.Überall dort,wo morsche Stühle wacklig werden,ist man bestrebt,Machtpositionen,die dem eigenen egozentrischen Vorteil dienen, zu erhalten. In der Politik genauso wie in der Musik.
Jeder miese Klangakrobat ist bestrebt,den Abstand zum Publikum möglichst groß zu halten,die Grenze zwischen ihm und Konsument besteht aus einer Suppe von Geheimniskrämerei und pseudomystischer "Begabung", die der "Künstler" in sich trägt.
Sein Selbstbewußtsein,mit der er sich dem gemeinen Publikum gegenüber abgrenzt,basiert auf "langjähriger Musikererfahrung". Verbittert stellt er schließlich fest,daß seine Perfektion im Umgang mit der Tonleiter seine geistige Substanz nicht bemerkenswert erweitert hat. Alle Töne schallen vorschriftsmäßig heraus und ergeben ein nettes Klangbild.Die Augen geschlossen,saugt er sodann den Strudel der Geräusche ein und belegt sie mit tiefschürfenden Inhalten! (Rex Gildo in einem BRAVO-Interview:"Ich glaube mit ganzem Herzen an das,was ich singe.") Durch die intensive Versenkung in die Materie,durch Autosuggestion in Form von Wiederholung des Stoffs entsteht schließlich ein "musikalisches Bewußtsein" und damit schließt sich der Kreis: Der ernsthafte Musiker,Opfer seiner eigenen Inzucht,eine Gefahr für seine Mitmenschen,ist geboren.
(6) B. Bargeld meint,daß er solange auf seiner Gitarre herumkloppen will,bis man ihn für einen neuen Jimi Hendrix hält.
(7) "Höre mit Schmerzen,hör meine Wunden..."

Dilettant *m* „Laie mit fachmännischem Ehrgeiz": Das seit dem 18. Jh. bezeugte FW bezeichnete zunächst nur den nicht beruflich geschulten Künstler bzw. den Kunstliebhaber aus Zeitvertreib und Spielerei. Später wurde die Bedeutung allgemeiner. Das Wort ist aus gleichbed. *it.* dilettante entlehnt. Das zugrunde liegende Verb *it.* dilettare geht auf *lat.* dēlectāre zurück und bedeutet wie dieses „ergötzen, amüsieren". Stammwort ist *lat.* lacere „verlocken" bzw. das Intensiv lactāre „locken, ködern", das zusammenhängt mit *lat.* laqueus „Strick als Schlinge" (daraus unser LW → *Latz*). Die vermittelnde eigtl. Bedeutung von lacere wäre dann etwa „in eine Schlinge locken, bestricken". – Abl.: d i l e t t a n t i s c h „laienhaft, oberflächlich".

Dill *m*: Der *altgerm.* Pflanzenname *mhd.* tille, *ahd.* tilli (daneben tilla), *niederl.* dille, *engl.* dill, *schwed.* dill ist unbekannter Herkunft. Er wird heute fast nur für das bekannte Küchenkraut gebraucht. Der Anlaut d ist *niederd.* wie in Damm, Dohle u. a.

Dimension *w* „Ausdehnung, Ausmaß, Bereich": Im 17. Jh. (vielleicht durch *frz.* Vermittlung) aus *lat.* dīmēnsiō „Ausmessung,

Durch die Show führte Moderator **Wieland Speck**

Foto MaLe

4. SEPT. '81 Freitag

Beginn: 19.30 h
Eintritt: 6 Mark

BILD + TON
Im TEMPODROM

live!

GROSSE UNTERGANGS-SHOW

FESTIVAL GENIALER DILLETANTEN

A. Bleckmann / Alexander von Borsig / Alex Kögler / Alister Grey / BORSIG - WERKE / Blixa Bargeld / Christiane X. / Dagmar Dimitroff / DIN A TESTBILD / EINSTÜRZENDE NEUBAUTEN / F. M. Einheit / Endruh Unruh / Frank Zerox / Gudrun Gut / GUT + BARGELD / D Kiddy / KRIEGSSCHAUPLATZ TEMPODROM / LEBEN + ARBEITEN / Marc Eins / Mark Reeder / Max Müller / Mutfak / NEKROPOLIS / Nicky Vermoehlen / Padeluun / Peter Moser / PSPK / TÖDLICHE DORIS / SPRUNG AUS DEN WOLKEN / Wieland Speck / Wolfgang Müller.

Veranstalter: mabel

Sechs Fotos
Matthias Levin
(MaLe)

Frieder Butzmann

Christiane F.

17

Alex Kögler

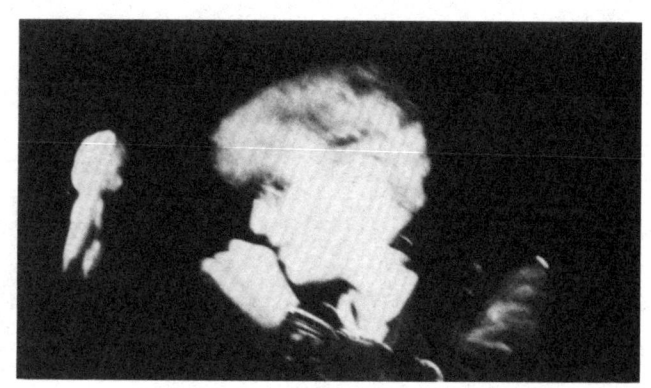

Alexander von Borsig

Marc Reeder

19

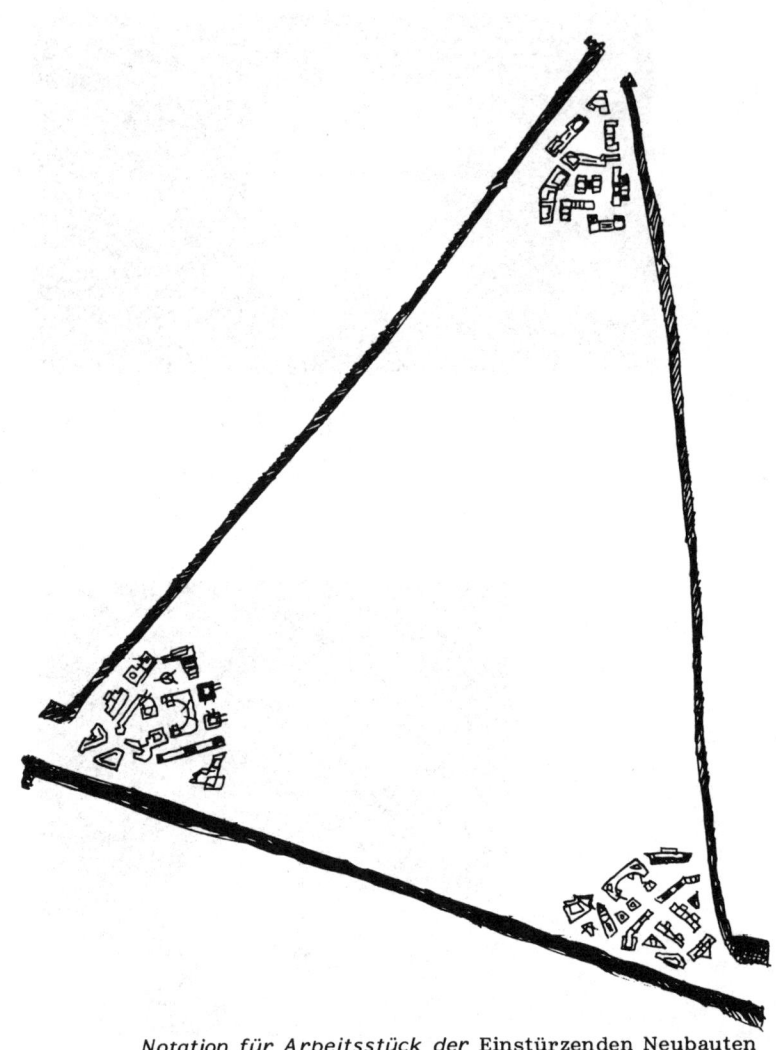

Notation für Arbeitsstück der Einstürzenden Neubauten
" 3 Städte mit Stadtmauer sind noch zu zerstören"
Zeichnung: Thomas Schönball

Eingeschlossene Bergleute machen sich zum Beispiel durch Klopfzeichen bemerkbar
Klaus Laufer

Der Übungs/Proberaum der *Einstürzenden Neubauten* liegt "Unter-Tage", eine halbe Stunde von der letzten Busverbindung entfernt, direkt unter einer vielbefahrenen Stadtautobahn im südwestlichen Teil unter dem nord-östlichen Sockel einer Autobahnbrücke.

Genauso konsequent wie der Mülltonnendeckel aus Dachau (1)(2) als Musikinstrument ,ist auch die Benutzung einer Betonhöhle für die Geräuscherzeugung der *Einstürzenden Neubauten*.

Diese Höhle ist ein geheimer Ort. (Metzger,WDR, der die Gruppe dort filmen wollte,hatte sich die Augen zu verbinden und durfte sie erst wieder öffnen,als er vor dem Eingang stand.)

Der Eingang,ein kleines dunkles Loch,kaum höher als 50cm, im dichten Gestrüpp versteckt,führt nach 2m in einen völlig verstaubten 2X3m großen Raum, der eine Höhe von 1,40m aufweist.

In ihm befinden sich die Werkzeuge der Arbeitsgruppe:Blechnäpfe,Stahlteile,rostige Deckel,Holz- und Eisenstangen und eine Bowlingkugel.Zur ständigen Luftkontrolle muß eine Kerze entfacht werden.

Ständige Schwingung der über der Brücke fahrenden Autos und LKWs ergeben ein gleichförmiges Klangbild durch Laut/Leise = LKW/PKW,und ergeben entsprechende Strophen,Leerpausen,An- und Abschwellen der Vibration ,nach gewisser Dauer eine eigentümliche Gleichheit ,eine ruhige Bedrohung erzeugend.Wir befinden uns in einer wahrhaftigen Gebärmutter.

(1) *"Draußen ist feindlich"* /Kollaps 1981/Zickzack
(2) *"Wer klatscht,wenn der Drummer von* Einstürzende Neubauten *auf dem zweiten 'Rock against Junk Konzert' im Tempodrom zwei Blechdeckel aneinanderknallt und dazu begeistert anmerkt 'original aus Dachau?' Neonazis,die Neue Rechte? "*
(zitty 26/1981 "Neonazi's auf Konzerten" v.Stefan Michler)

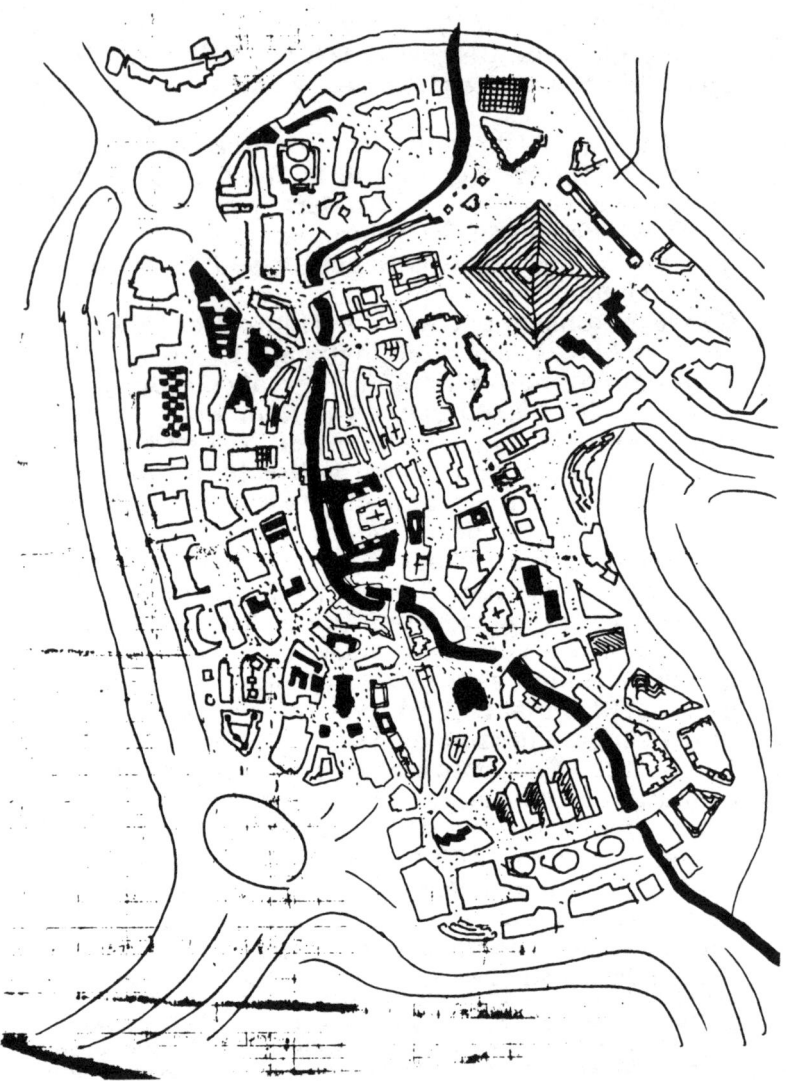

Lageplan zum Übungsraum der Einstürzenden Neubauten
Zeichnung: Thomas Schönball

Der Beton, die Außengeräusche transformierend,
versteht sich als beruhigender Verstärker ("Die
Maschine funktioniert, alles lebt noch"), gleichwohl
wie ein dicker filziger Filter, den glücklichen Berg-
leuten einen extremen und persönlichen Konzert-
genuß bereitend. "Ihr könnt mich nicht sehn, aber
ich weiß wer ihr seid." (1)
Die permanente Spannung durch maschinelle Energie, durch derart kompakte Wände als totale Harmonie dringend, regt nach geraumer Zeit - den ersten Momenten der Verblüffung - zur Beantwor-
tung durch Klopfzeichen. Auf ein anonymes Grund-
muster wird geklappert, gerasselt, gehämmert und
geschlagen.
Hier wird keine Musik mehr produziert, hier wird
richtig gearbeitet und durch Arbeit entsteht Krach.
Die überforderten Musikjournalisten, inzwischen etwas ängstlich diese Werke von vornherein abzuqua-
lifizieren, klammern sich an eine alte Tröte oder
ein Kinderxylofon, die aus dem Dunkel der wabern-
den Höhle schallen, um "Musik" oder "keine Musik",
was dasselbe ist, zu diagnostizieren. Die Basisgrund-
muster, immerwährender Lärm durch Autos, das nennen sie dann schlicht, den "typischen Sound" der
Arbeiter unter Tage.
Die Tröte höhnt. Krach im besten Sinne ist ein gutes Stück Arbeit, intensive , meditative, konzentrier-
te Arbeit. Titulierungen wie "Stahlmusik", von den
Arbeitern selbst gewählt, werden bewußt angewandt,
um Musiker und ihre frohe Anhängerschar zu be-
leidigen. Für die verständigen Hörer / Genießer des
Krachs - die wir beileibe nicht in schicken Avant-
garde-Zirkeln vermuten sollten - funktioniert das
Zeichen "Musik" in diesem Zusammenhang als iro-
nisch, polemischer Angriff, eine Ironie, ein Witz, den
Musiker und "Anti-Musiker" an den *Einstürzenden*

---

(1) *"Für den Untergang" / Monogam Mai 1980/Kassettenaufnahme auf
Platte überspielt.*

23

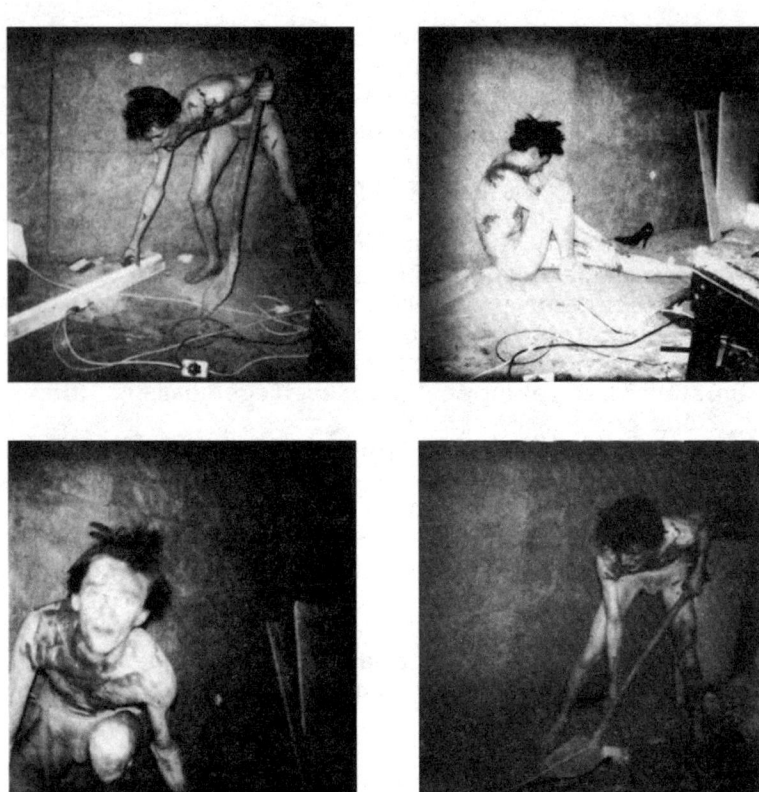

Primitive Arbeit 1 – 4

Neubauten immer so weinerlich vermissen.
Was wunderts,wenn Andrew Unruh resigniert:
" A B C D E F G ich kann die Menschen nicht er-
tragen..."

Boingo Osmopol .Nr. 1 /80 (Aufl.: 5) v.Blixa Bargeld mit genauer Zeit-
angabe des Zeichnungs- und Druckvorgangs/technischer Erklärung
(dauer: 25 sec.) mit 5 bewegten Pfeilen in alle Richtungen ("folge dem
Pfeil und du stößt auf Elend")
"Heil dir,mein Brandenburger Land" auf Handfläche fotokopiert,was
nicht überraschend für den mit der Materie vertrauten ist,da dieser
scheinbare Patriotismus - von West-Deutschen gerne als Berliner Arro-
ganz und Coolness abgewertet - sich auch in den anderen Produktionen Bargeld durchzieht,bis in die Dialekte des Brandenburger Raums.
vgl. Dialekt "Sehnsucht":...ist die einzje Energie..."

Primitive Arbeit vor und nach der Katastrophe
Klaus Laufer

Durch Geröllhalden wandelt auf dünnen Trampel-
pfaden Blixa Bargeld, Ausschau haltend nach Material für primitive Arbeit. Der große Krieg ist
längst vorbei und unter den Trümmern findet
sich so allerlei, ein Stück Blech, ein halbzerschmol-
zenes Kinderklavier *, Preßlufthammer und Bohr-
maschine **.
Strom wird schnell erzeugt aus einer eiligst zusam-
mengebastelten Windmaschine, die von *FM Einheit*
in Bewegung gehalten wird.
Primitive Arbeit verrichtet auch Blixas Freund Andrew, der rostige Eisenfedern rhythmisch mit Holz-
stöcken bearbeitet. Keine Musik soll das sein, sondern wie gesagt, primitive Arbeit, beruhigend und
entspannend. Der Tag darf nicht nutzlos verge-
hen.
Wenige nur sind übriggeblieben.
Umherirrende Horden,an komplizierteste Technik
gewöhnt,sind noch taub vor Entsetzen,vor der Leere ringsherum.Sie träumen vom Wiederaufbau,war-
ten ab,gehen auf Nahrungssuche,beginnen Vorgär-
ten zu beackern und Zäune davor zu errichten.

Die *Einstürzenden Neubauten* , die Kult-Band der
frühen 80er sind nun überflüssig geworden.Der
vielbeschworene Untergang hat ja schließlich statt-
gefunden - und einige haben ihn überlebt.
Susanne will sich einfach "nur wohlfühlen", das er-
wartet und erhofft sie sich vom Leben. Ihre Bedürfnisse sind auf ein Minimum heruntergeschraubt.
Das Leben ist ein kostbares Gut,denkt sie,während
vor ihrer feuchten Kellerbehausung zwei ausgemer-
gelte Gestalten Tag und Nacht auf Schrott herum-
hämmern,unschöne kehlige Schreie ausstoßen.

Sorgsam legt sie die kleine gesprungene Schüssel
in den zerbeulten Eisenschrank. Vielleicht sollte ich
das Ölbild an die Wand hängen. Ich könnte einen
Nagel in die Wand schlagen.
Während Susanne den Nagel, verbogen und rostig,
mit dem Hammer bearbeitet, fällt sie ganz zufällig
in den Rhythmus der beiden Gestalten ein, und
fühlt sich sicher und geborgen.

---

* Kinderklaviere werden eingesetzt. Bei den *Einstürzenden Neubauten*
spielt Blixa Bargeld ein Solo auf einem solchen und singt dazu: "Wenn ich
sterbe (und ich sterbe) sterb ich an Skorbut..." (als Filmszene in
dem schlechten Film "Kalt wie Eis", D. 1981)

** Auf dem Stahlzeug von Andrew Unruh "Sei schlau, klau beim Bau".
Ohne etwaige Diebstähle zu unterstellen, ist der Bezug zum Bauhand-
werk hier von primärer Bedeutung. Man beachte auch Parallelen zum
tschechoslowakischen Underground, die "Plastic People" in: Thierry
Wolton "Underground im Ostblock", Merve Verlag Berlin 1978, die elek-
trische Bohrmaschinen, Holz, das direkt auf der Bühne kleingehackt
wird...benutzten.

Fanta-Flasche

Bin in einem Traum
In einer Fanta-Flasche
Mir ist so langweilig
In der Fanta-Flasche
Kann nichts machen
Kann mich nicht bewegen
In der Fanta-Flasche
Irgendwo ist es lustig
In der Fanta-Flasche
Ich will endlich raus
Aus dieser Fanta-Flasche
Sie ist ja zugeschraubt
Keiner kann sie öffnen
Diese Fanta-Flasche.

Text: Heuchel
Interpret: Katrin C. Rust
Gruppe: MTdSSbG

Olaf Albers, 22.

* zu singen nach der Volksweise "Fantasie an die Macht"

"She smoothes her hair with automatic hand,
And puts a record on the grammophone...."

T.S.Eliot,"The Waste Land"

Blumenschein /Butzmann /Gut /Köster: White Christmas /Marat 24 /1980
"Tabea und Doris dürfen doch wohl noch apache tanzen" /Cassetten-
kombinat /C-15 /1981

Falsch gespielt
Claudia Schandt

Die der musikalischen Notation unkundigen Musik-
produzenten stehen vor immer neuen schwierigen
Situationen,ihre Konzerte - ob sie nun leise im
Kopf klingen oder fertig intellektuell konstruiert
sind - schriftlich festzuhalten,wenn sie aus ver-
ständlichen Gründen solcherart fixiert werden müssen. Meist sind ohnehin nur Grundgerüste vorhanden,die im Studio oder auf der Bühne ausgearbei-
tet oder völlig verändert/umgekippt werden (1).
Ein realisiertes und als Dokument festgehaltenes
Stück kann natürlich nachträglich von einem Menschen mit akademischer Musikbildung und großer
Sensibilität im Differenzieren verschiedenster Geräusche in klassische Notation umgesetzt werden(2).
So ergänzt sich nebenher das Netz der sozialen Be-
ziehungen/des Austausches vom Nicht-Könner zum
richtigen Musiker. Es ist nicht falsch,Noten schreiben zu können,daran zu glauben ist jedoch unter
gewissen Umständen verheerend,kann dem Schaf-
fen eine Sicherheit,eine Grundlage geben,die von
Mißverständnissen geprägt ist.
Dem blutigen Dilletanten trifft leicht aus berufenem
Munde der Vorwurf des "Falsch-Spielens",der natürlich auch aus einem krassen Mißverständnis der
Polarisierung von Krachmacher/Musiker herrührt.
Was nicht vorher als Notenschreibung niedergelegt
wurde,kann garnicht überprüft werden.Falsch/
Richtig, das sind die Kategorien putzsüchtiger
Hausfrauen,die ihre Kinder zu anständigen Men-
schen erziehen wollen.Und in diesem Niveau wol-

---

(1)"Es sind eigentlich immer nur Spannungsbögen festgelegt.Wir suchen
uns eine Startbahn aus,was dann passiert,hängt vom Raum,vom Publikum oder vom Aufbau ab." B.Bargeld in TIP nr.20/81 über die Konzeption der Einstürzenden Neubauten
(2)siehe Abb.1 einer Notations-Schablone,in diesem Artikel

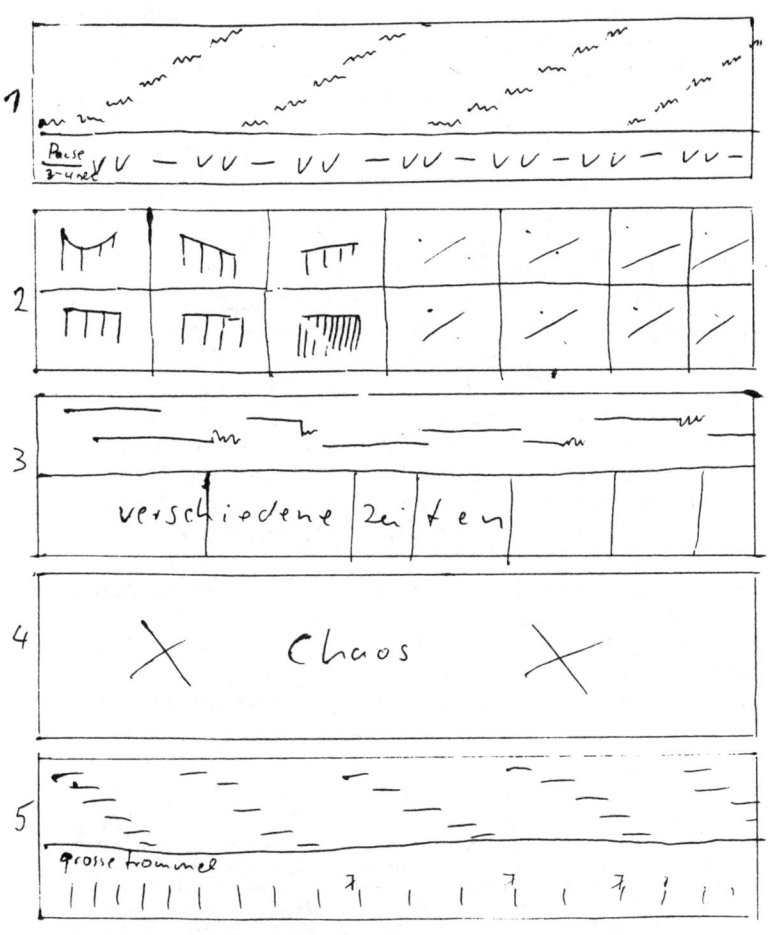

Notation/Partiturienten von Gut/Köster/Butzmann, Berlin 19. 6. 80

len sich echte Vollblutmusiker doch sicher nicht
ansiedeln.

Jeder Ton, jeder Lärm (das Zusammentreffen verschiedenster Töne) ist zunächst einmal als Faktum
da. - Das gilt überdies für alle Töne oberhalb und
unterhalb menschlicher Wahrnehmung. -

Die Bewertung, ob nun dieser oder jener Ton so
gewünscht vom Spieler wurde, wie er herausschallt,
ist durchaus legitim. Liegt es in der Absicht, wahl-
lose Tonfolgen z.B. aus einer Trompete herauszu-
tröten (3), gelingt diese Absicht, wird konsequent
und intensiv ausgeführt, so spielt es richtig. Falsch
dagegen, wenn dergleichen Absicht bestünde, aber
vorhandene konventionelle musikalische Bildung
durchschimmert. Unerträglich für jedes wahre Ohr,
diese Halbheiten und opportunistischen Kleinkunst-
übungen zu ertragen.

Im gegenwärtigen Zeitraum sind diese Schleime-
reien besonders verbreitet. "Schräglage" sichert
den Anschluß an Trends, die Versprecher der
Fernsehansagerin sind willkommen wie nie, Perfektion in der Musik/Kunst verpönt (es gibt zuviel
davon in unserer Umgebung: Polizei/Warenhaus
etc.).

Die weise Erkenntnis, daß sogenannte Disharmonien
oder chaotische Einblendungen in konventionell
strukturierter Musik lediglich einige Zeit in den
Köpfen der Hörer klingen müssen, um als klassische Harmonie, die nicht schmerzt, genießbar zu
werden, dringt ins allgemeine Bewußtsein schon
seit Jahrhunderten. Es ist nur noch ein Frage
der Zeit, wann diese Erkenntnis verstanden wird.

---

(3) Gruppe Posaunen der Liebe:"... haben wir mit einer verstimmten
Klarinette unseren Schlagzeuger erfreut, der mußte da reintröten,
obwohl er das zum erstenmal überhaupt da machte. Das Ganze haben wir auf einem Kassettenrekorder aufgenommen, dessen Aufnah-
metechnik nicht mehr wie üblich funktionierte, der hatte seine persönliche technische Macke, der Rekorder, nahm viel zu langsam und
in unregelmäßiger Geschwindigkeit auf. Das Band ist wunderbar, ein
ganzes Heer von quäkenden Posaunen ist da scheinbar dokumen-
tiert..." aus "Kaufwahn" Nr. 2/1981 Berlin

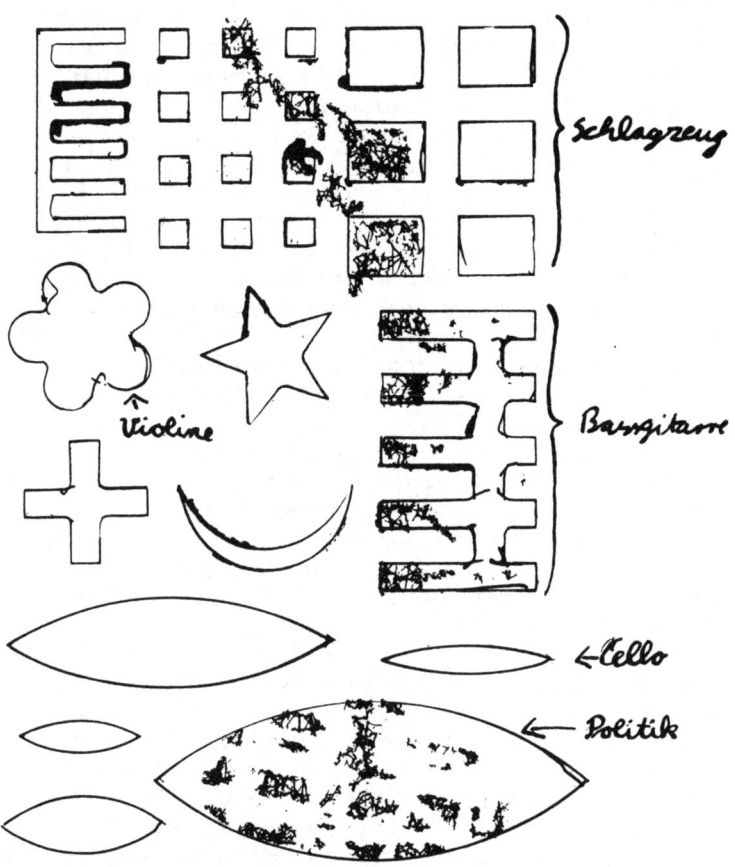

Abb.1einer Notations-Schablone für Kehllaut-Partitur/ Stück für Schablonen und begrenzte Löcher/ Die Tödliche Doris *1981 (schraffierte Teile verdeutlichen den Röchelgesang)*

Doch schnell zurück zu unserem eigentlichen Thema, dem Problem der Notation von Lärm/Krach oder
Ideen durch der Notation Unkundige . An einem
Beispiel wollen wir die Schwierigkeit konkretisie-
ren: Teil einer Musikkonzeption (1) besteht für den
Komponisten aus dem akustischen Beitrag einer
röchelnd, röhrenden Frauenstimme, die der Gesamt-
konzeption unterlegt werden soll. Einmal darf die
Stimme nicht hoch sein, sondern die untersten Töne der Kehle modulieren. Absolut konzentriert auf
die übergreifende Thematik soll nun die Sängerin
tief im Schlund versteckte Laute zutage fördern,
die Transformation der übergreifenden auf eine eigene subjektive Thematik muß gegeben werden.
Strikt wird darauf geachtet, daß die objektiven/sub-
jektiven Felder in gleicher Spannung gehalten werden. Zu leicht könnte sich sonst die Gefahr einer
unbeabsichtigten Komik ergeben.
Unvermeidliche Nebenklänge wie Atmen/Schleim
und Speichelabsonderungsgeräusche werden einkal-
kuliert und bilden ein offenes endloses Spannungs-
netz. Wohlweislich wäre durch intensives Training
hier auch der "bloße Zufall" noch enger zu begrenzen, in der Konzeption derlei Töne berücksichtigt
wiederzufinden.
Im An- und Abschwellen der als Wörter oder Buch-
staben nicht identifizierbaren Kehllaute wäre ein
weiter Punkt einer gewissenhaften Notation zu
sehen. Berücksichtigt werden muß hierbei die über-
geordnete Thematik vom Interpreten, der das Ohr
offen hält für genau bestimmte Text/Melodiestel-
len, um den Anschluß nicht zu verpassen. – Diese
vielschichtigen Ebenen und ihre Bezugsfelder, die für
eine angemessene Notation notwendig sind, will man den
Kehllaut-part möglichst genau dem Interpreten vermitteln, sind in Abb. 1 in Form einer Vor-Konzeption
einem ersten groben Schema wiedergegeben.

---

(1) Es handelt sich bei angesprochener Konzeption um das Stück
"Stümmel mir...(die Sprache)" der Tödlichen Doris auf LP. Der
Kehlgesang wurde von Dagmar Dimitroff ausgeführt.

Zeichnung: Tabea Blumenschein

Schradderanlage und Nachtigall
Auszüge aus einem TAZ-Interview mit "Gegenwind" *

... dann ist unsere Musik weg.Wenn du meine Her-
tiegitarre wegnimmst,dann ist meine Musik weg.Al-
so, wenn ich eine "Gibs" in die Hand krieg,dann
muß ich die erst 2 Stunden mit dem Beil bearbei-
ten,bis dann wieder solche Töne rauskommen,wie
ich die haben will...
...Hörst du oft mal Radio? Auf Kanal 3 ist der AFN
und ein Stück weiter kommt dieser Testton von
Scharfenberg. Das ist es eben,auf jeden Fall ist
der Ton absolut... **
... einer setzt sich in den Wald und hört 'ne Nach-
tigall.... dann setz ich mich dahin,und find das
auch geil...
... mach ich das Fenster auf, und da unten stehen
10 Leute mit Preßlufthämmern...das kommt einfach
gut... das ist auch nur ein Geräusch...der macht
was kaputt,der macht halt Alarm, und das kann ich
genauso gut finden wie einen Vogel,den ich höre...
... finde ich 'nen Autounfall auf der Straße genauso geil, vom Geräusch her... Reifen quietschen und
das Blech knallt zusammen. Oder im Film,wenn ein
Auto explodiert...wenn sie ein Auto durch die
Schradderanlage schicken...

---

* *Die Tageszeitung, 6.11.81*
** *Vgl."Hör-Spiel Totaler Musik",Timm Ulrichs Retrospektive 1960-75,*
Kunst-Verein Braunschweig: "Rauschmuschel-Konzerte" mit zwei
Muscheln (Stereo),Kat.Nr. 145; "Konzert der fallenden Stecknadeln"
(Instrumentarium) 1968/69/73 Kat.Nr. 146; "Geräusche bei der Her-
stellung von Notenpapier" 1971/72; "Einton-Musik außerhalb(ober-
halb) des musikalischen Hörbereichs" 1969/70; "Geräusch-Musik:
Das Geräusch beim Schreiben des Wortes 'Musik' auf dieser Tafel"
1969.

Das Establishment (eine Pop-Show)
Frieder Butzmann

1972/überarbeitet bzw. gekürzt 1981

1.Kapitel
Das Zwiegespraechsmaerchen

Frau Lalabu : Ach Herr Psychiater
ichfühlmichzurzeitoftrichtigbuh!
Psychiater : Bu ?!
Fr. Lalabu : Ja. Richtig Buhh!
Psychiater : Meinen Sie nicht,dass solche Buitä-
ten oft recht peppig sind und sie da-
bei nicht mit Ihrer östrogenen,nervö-
sen,versilberten,extrahygienischen
Kulmbacherbier. 24 tausend ach tut
das weh hätten streichen können !?
Fr. Lalabu : Bu !
Psychiater : Buh !
Fr. Lalabu : B....
Psychiater : Bu !!!
Frau Lalabu + Psychiater: Lasst uns fröhliche Bui-
täten buen.Denn wir sind keine
Schnickschnack = schnuckelchens.
Bu ! Bu ! Bu ! Allenthalben nicht
versetzt,grün gemalt. Potz!Blitz!
Oh Weh! Der Doktor muß he !
*(Anmerkung eines Unbekannten: zu dieser Zeit reg-
nete es im Osten sehr. In Brasilien fand man keine
Ostereier.Der Weihnachtsbaum war auch verbrannt.*

2. Kapitel (ohne Anhang aber mit Schluß)
Haushaltimbüro

Büro geöffnet von 7 - 25 uhr. Schwarz genauso wie
grau und dazu der grüne chef! Wie er sich wind-
det...? Eingeschlafen,gewidmet dem bild von Piss-
casso.vier.sieben.wenn jetzt das mehl alle wär.Se-
kretär. 5- Schläfer und Augenaustrockner will sich
Adhäsions = Kaugummi stehlen. Erster Kunde geht.

38

Viele Schweine haben Kakao bestellt.Bilder so grün
wie ehedem. Ach.... contains the bottle.Touristen,
geschäfte wollen wissen was geschehen soll mit dem
toten chef. Bier her! Schnapsversuche.Psychedeli-
sche wogende Nächte 1000 Kinder.Schneckenver-
suche
Nächte ! Tip Tap ! Schreibmaschine.Der Papier-
korb ist leer. Wieviel kg. berufliche stellung des
Vaters . aufgewachsen in . Goethe hatte auch ein
gehirn. EINGEHIRN! Viele 22! Butzimänner würg-
gen WÜRGEN das tablettt hinnnunter.Antennen
biegen sich vor Lachen.Höcker auf der Nase Ge-
schäftsschluß. Der zweite Tag will nicht kommen
KOMMEN,obwohl er bisher eigentlich jeden Tag gekommen ist. Nerventöhne woll wissen fiele höhren
Schtockhausen kann nicht Mozart sein. 3 497873 Rei-
ter können reiten wenn der

Mond
DER MOND
zur Neige geht. Pfiele Pfuhlige Pfannen giehen da-
san Muntung un du Kurchen Kühlen diesen Füertüg
in die Städtt wa dra wallan kannen nam kuk schnur-
numu mule vole nonne nok kol vole schols tib teb
nu schu ro na bi fi i o m n sch z na de i mi
a.
Herr Chef wollen diese Wellen nicht viel Wasser zum
wellen haben. Zahnräder können töten.Marokko will
auch Fußball spielen. Mittagspause. Ende des 2.
Kapitels. (Schluß) ....!

3. Kapitel
Der Plastikhippi ! (Revolution!)

Über die auswirkungen der drastischen Diskonter-
höhungen .... alle hare ausgerissen,denn es
war das ende der fisematenden. Friede. Wenn der
Po im Sant schtegt. bleibt. wirkt das? Konjunktion.

Brennt Holz eigentlich **gut**.Die häuser Hier sind al-
lle aus olz. Revoluzzzzzerkindergarten geschlossen von bis. Monroe schtreitet für Senkung des
Wahlalters.Wenn's bums macht müssen alle 'raus.
Neukapitalist für Ostereiereichdeutschlandwirkt für
Ostereierhasen,die Eier legen.Sport treiben.Weiter
faulenzen. Zerquetschen die Schädeldecke (let's
be aggressov) Um 1 uhr ist Mittagspause.Mit den
langen Haaren schneide ich das Gehirn GEHIRN
aber nur gesalzen,dann kleine stückchen,firlefanz
ist nicht am platz.Hey!....Hey! Sie da!... haben
se nicht ... haben se nicht ihren Bart verlo-
ren?!
He! Hipp..... He Revo...Hip Hip Hip Hip Hip
Hip Hip Hip Hip Hip Hip Hip Hip Hip Hip Hip Hip
Hip Hip Hip Hip Hip Hip Hip Hip Hip Hip Hip Hip
Hip Hip Hip Hip Hip Hip Hip Hip Hip Hip Hip Hip
Hip Hip Hip Hip Hip Hip Hip Hip Hip Hip Hip Hip
Hip Hip Hip Hip Hip Hip Hip Hip Hip Hip Hip Hip
Hip Hip Hip Hip Hip Hip Hip Hip Hip Hip Hip Hip
Hip Hip Hip Hip Hip Hip Hip Hip Hip Hip Hip Hip
Hip Hip Hip Hip Hip Hip Hip Hip Hip Hip Hip Hip
Hip Hip Hip Hip Hip Hip Hip Hip Hip Hip Hip Hip
Hip Hip Hip Hip Hip Hip Hip Hip Hip Hip Hip Hip
Hip Hip Hip Hip Hip Hip Hip Hip Hip Hip Hip Hip
Hip Hip Hip Hip Hip Hip Hip Hip Hip Hip Hip Hip
Vanilieeis!

4. *Kapitel*
Gedankendiegefundenwerdenmüssen

5. Kapitel

Ein plan (um nicht zu sagen Der Plan !)

Gleichmachung aller menschen
(weiblich und männlich) nach diesem
Vorbild

6. Kapitel
Der Musikhörer

Da in der ferne Spinnt einer.Schmeisst den doch
'raus.Entmannt ihn. Entfrauen wär noch viel besser Buh! Pfeif Kreisch! Jaul! Schreck.Ich streu
Dir Sand auf die Augen.Reisst ihm alle Füße raus!
Die Gelenke verwenden wir selbst.Das war der erste Tag der zweite folgt sogleich Schule: Es ist
8 uhr. Das Sandmännchen is da da.da.da.da.da.
da.da. da. Wild geht's

SCHNELL

Wild geht's rin ins gewühl 'raus aus dem gewühl
viel zu viel gewühl wühlmäuse nacht-leben ist
kurz für eintagsfliegen der eine auf den putz hau-
en will. Waschmaschinen sind genauso gross wie
trockenmaschinen.Sechzigjährige haben alle eine Klat-
ze, Katze, denn sie hatten Haarausfall. "Erst fang
ich einen Schmetterling,dann trink ich ein Bier"
(Zitat nach Peter Ludäscher).Rosalie das Pferd
spielt Phonothese Kukuk! Die Jugendtruppe "Schar
Heralda" singt:"Was ist an einem Gummibaum aus
bummi" Good bye Johny!

7. Kapitel
Die Tarzans sterben aus (ein Auszug)

> *Der frostige Todesmut,*
> *die kitselnde Härte,das*
> *wunderbare Spiel mit*
> *dem tot,das herrliche*
> *töten !*

Tarzan geht es nicht gut !

wenn man sagt — — — — aber doch: — — …. —
wie das — ?? — — … aber doch!! — nein!
~~denkbar ein~~ denkbar einfach — — obwohl …
…………… ⤫ …… : !!! — — ??? — — „ — "
— — — — … (   ) — ?? — !!!!!! — sie
sagt — — — ⇒⇐ ≪ komma ≫ ?/?
⊖ ☞ — — # halt die Schnauze
Der sprung mit der Liane (Liane ist ein nettes
Mädchen! — — ↓ ↑ — Ⓟ —⊦Tarzan⊦
Kein Anschluß unter dieser Nummer ↘ … . :

Am 14.1.74 verläßt Tarzan das Krankenhaus!
Eine pornographischsche schrift!
Der tote Erbonkel spricht wieder

8. Kapitel

5.4.54
Aufnahme von Rock around the clock
6.4.54 geboren
55 keine erinnerung
56　　"　　　"
57　　"　　　"
58　　"　　　"
59 Peter Kraus
60 Tonband-interviews
61 Schule
62 Camping Katalog
63 Beat
64 Beat
65 Klavier
66 Le sacre du printemps
67 Tonbandhörspiele
68 Polymorphia
69 Telemusik
70 Acrylfarben
71 Regina
72 John Cage
73 Pantharmonisches Ensemble
74 Fluxus Galaxis
75 Berlin
76 Klavier
77 Sex Pistols
78 Mohnkuchen
79 Liebesgier
80 Vessel
81 Vertrauensmann des Volkes

Die Instrumente stimmen
Wolfgang Müller

Wertvolle Zeit geht verloren,wenn Profi-Musiker
plötzlich mitten im Konzert innehalten,um ihre verstimmten Instrumente zu "stimmen". Wechselseitig
kontrollieren sie die Klangmuster ihrer Instrumente,mit dem Wunsch, sie aufeinander abzustimmen,
so als ob es nichts Schöneres gäbe als harmoni-
sche Gleichschaltung.
Kurz vor einem Lied über Normen, Beton und eis-
kalte Technoplanung beginnen sie ihr Ritual: zueinander gewandt,die Köpfe andächtig in Blickrichtung
Instrument gesenkt, eine langwierige, konzentrier-
te Feierlichkeit, voller Überzeugung und Ernsthaftigkeit, wie sie einem ernsthaften Musiker nun einmal gebührt.
Irgendwann stimmt die ganze Angelegenheit, sie
stimmt mit dem Betonbauwerk von nebenan vollständig überein,völlig ungewollt und die Stimmung wird
angeheizt.
Der engagierte Musikant erhebt Einspruch und ver-
weist auf sogenannte Grundkenntnisse,bedingt
durch musikhistorische Zusammenhänge, die für
eine qualitative Auseinandersetzung notwendig wären.
Es stimmt (=es ist wahr), daß es diese Grundkenntnisse tatsächlich gibt,aber mit Wahrheit haben sie
damit noch lange nichts zu tun. Eben das wird oft
durcheinandergebracht, das Stimmen, quasi Gleich-
schalten von Klangkörpern,ist noch lange nichts
Wahrhaftiges , meist nur spießbürgerliche opportu-
nistische Anbiederung, um das auf derartige Stim-
mungen eingestimmte Publikum zu gewinnen und ein-
zulullen. Was rundweg nicht stimmt, ist die immer
wieder eingeschobene unterschwellige/oberschwel-
lige Behauptung, daß insbesondere die Genialen

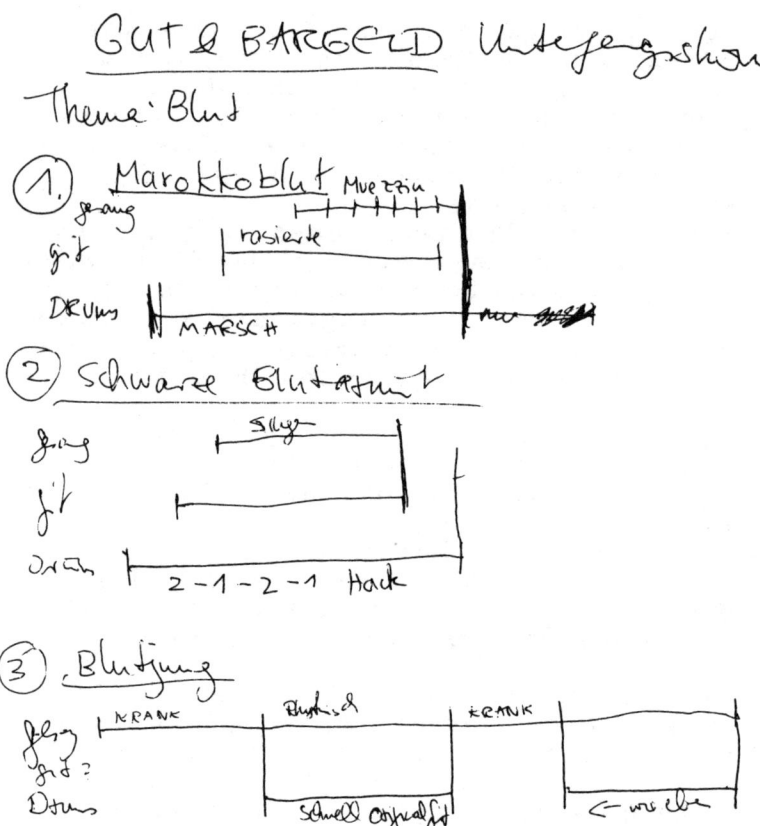

Dilletanten nicht an diesen Kenntnissen interessiert seien. Alles, was brauchbar verwertet oder zerstört werden kann, interessiert sie brennend heiß, entscheiden natürlich selbst, wann sie was und wie brauchen, lassen sich nicht vorschreiben von sogenannten "Insidern", wo der Weg angeblich langgeht.

Geleitet und verleitet von einer unbestimmten Schwingung, einer alle möglichen/unmöglichen Bereiche abtastenden Stimmung, können sie so körperlich erleben, was Sachkundige gelesen und auswendig gelernt haben.

Wie erfrischend ist bei der allgemeinen Gleichschaltung durch unendlich viele Gleichstimmungen das ursprüngliche und sehnsüchtige Heulen und Jaulen einer kranken - so titulieren es die Profis - völlig auf sich selbst eingestimmten Gitarre.

Schön, wenn das Instrument selbst mal sprechen darf, hat es ja ein ganz persönliches Eigenleben, das durch Umweltfaktoren (Kälte/Hitze) beispielsweise beeinflußt wird. - Natürlich wächst der Bratsche in Grönland kein Fell, das ist klar. Aber die prozessualen Momente, die das Instrument durchmacht, verändern seine innere und äußere Gestalt, damit seine Sprache. Der Musikant faselt vom verbogenen Baßhals, von spröden Saiten oder veralteter Mechanik, obgleich er selbst altert: Hämorrhoiden und Falten bekommt und allmählich seine Mundstimme im gewissen Alter krächzig und spröde wird. Umsonst, mit der Altersangst, über die sich zu beklagen ebenso sinnlos wäre, als sich über Tag und Nacht zu beschweren, steigt der Konsum von krankhaft monströsen und komplizierten Musikanlagen oder zumindest die Wahnvorstellung, derartiges zu benötigen, um sich "selbst zu verwirklichen". Wenn wir an anderer Stelle von "Lebenszusammenhängen" sprechen, dann können wir hier am Beispiel des Altersprozesses die weitgehendste

Frieder Butzmann

Übereinstimmung mit dem Werken und Wirken wahrhaft genialer Dilletanten und ihres Lebens registrieren. Nur Anfänger, die sich schämen, ein Instrument nicht zu "beherrschen", - welch aufschlußreiches Wort - machen sich daran, möglichst schnell den Anschluß an die von Medien gekürte "Elite" mit ihrem bombastischen Aufwand an technischem Gerät und an Instruktionen zu bekommen.

Die Instrumente stimmen immer, nur Musikanten können sie wirklich verstimmen, wenn sie ihre Halbheiten auf sie einstimmen. Geniale Dilletanten wollen und brauchen keine Gewalt über ihr Instrument, es beherrschen womöglich. Was sie anvisieren, ist lediglich, es kennenzulernen mit der Hoffnung, daß es selbst einmal von sich aus spricht, intensiv und konzentriert, dem Spieler zeigt, wer er ist. Sie selbst sind Medien im Dienst des Instruments, intensiv und konzentriert.

(kann beliebig von
SAX & perkussive)

Schlagzeug   variante

ta ta ta ta   tom

tom   tom   tom

BASS   oder auf die vollen (die 3.)

Schatten

/Snare
Becke
— Tom
Gr. Trite

gefühl 8   Angst, Böse, HYPNOTISCH,
IMMER DAS SELBE?

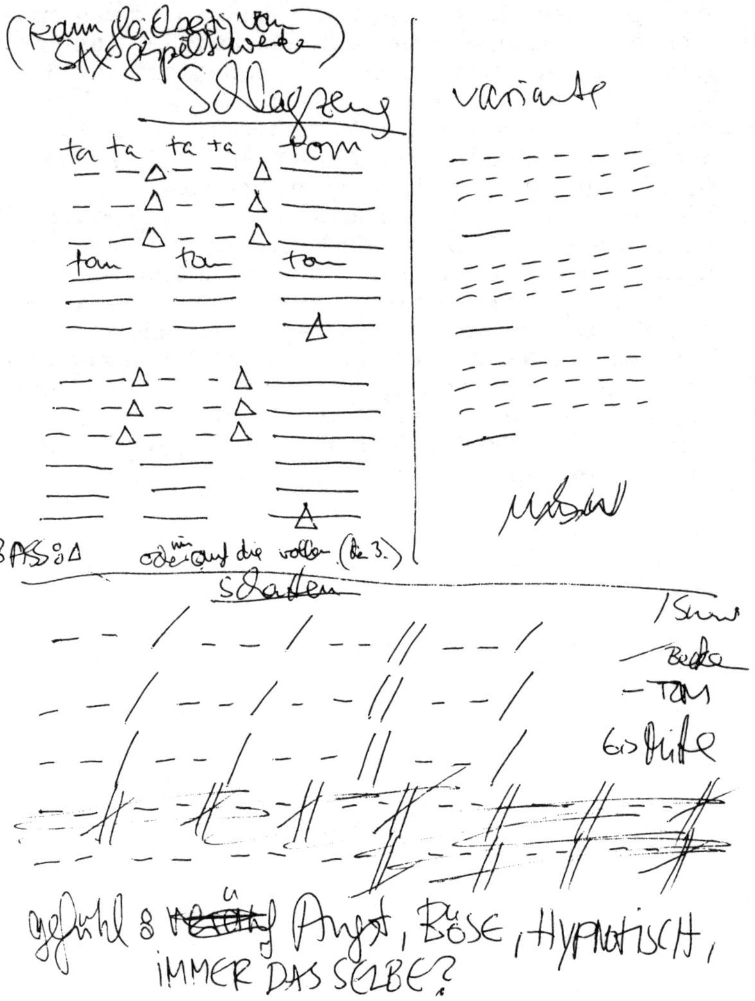

An und für sich bin ich nicht besonders originell.
Meine Originalität besteht darin, Originalität am
Gegebenen abzuschätzen.
Alexander v. Borsig

Foto: links Peter Moser, rechts Alexander von Borsig in der Nachtkneipe "Risiko", nur wenige Meter entfernt vom Avantgarde-Treffpunkt "Leo's
Futterkrippe" (Imbiß und Bierkneipe).

Alles über Liebe

Das Spiel mit der Liebe *(1)*
Liebesgier

Es ist eine Gier in mir
oh wie ich mich verzehr,
wie mir dürstet nach dir
Meine Lippen sind gierig
auf Kampf
auf Blut

Wohlig war mir
als er mich auf meine
nackte Schulter küßte
elektrisiert
bis das Kabel riß
er seine feuchten Lippen zusammenbiß *(2)*

Es ist eine Gier in mir
oh wie ich mich verzehr
mich dürstet nach dir
Mein Körper ist gierig
auf Kampf
auf Blut

Wohlig war mir
als ich ihn biß
ihm das Blut aussaugte
das Leben nahm
Nur Dein Tod... *(3)*

gelindert meine Not
wohlig war mir
ich ölte mich in
deinem roten Saft
Dein Tod gab
mir neue Kraft

es ist 'ne Gier in mir
...   *(4)*

Zeichn.Gudrun Gut

---

(1) Was "Liebesspiel" als Bezeichnung für die Erweckung der Vorlust
und was "Musik-spielen" als Bezeichnung für das Anhören technisch
konservierter Musik bedeuten, bleibt der Situation überlassen... In
solchen Situationen sind nichtverbale Sprachen leistungsfähiger als
Wortsprachen,weil die Erfüllung der Situationsgegebenheiten als
praktisches Tun verstanden wird,als leibhaft konkretes Agieren,das
sich den beständigen,auch feinsten Konstellationsverschiebungen so-
fort anzupassen vermag (sei es auch nur durch Hinaufziehen einer
Augenbraue oder durch Vollatmen). Der wortsprachliche Anteil an
der Bedeutung von Spielen in der Umgangssprache läßt sich auf
"Tun , das nicht getan werden muß", festlegen.(aus Bazon Brock,
Ästhetik als Vermittlung, DuMont 1977,"Musik-spielen",Seite 569)
(2) Vgl. dazu "Ich werde und kann immer nur das rauslassen,was in mir
drinnen ist",meine Annette Humpel über ihre Gefühle und Sehn-
süchte in TWEN 10/Okt. 81,
(3) An dieser Stelle stoppt die instrumentelle Begleitung,das Wort "Tod"
wird laut und lange geschrien, nach kurzer Pause,nimmt der Rhythmus den Faden wieder auf.
(4) Text: Gut/ auf "Geräusche für die 80er" / 1980 Zickzack

Menstruationsblues
Liebesgier. Lucy/Gut *

Du bist alles
was ich habe auf der Welt
Du ermordest mich zum Frühstück mit Skalpell!
Du bist alles
ich gebe es dir
Willst du es haben, mein dunkelrotes, dunkelrotes
Menstruationsblut?
Das ist gut.
Bei jedem Tampon den ich ziehe
denk ich nur an deine Liebe
Das ist gut.-
Du bist alles
was ich habe auf der Welt
Du bist meine Welt, du bist meine Welt
denn du hast das Geld!

(frei nach Peter Maffay)

Zeichn. Gudrun Gut 80

* auf "Geräusche für die 80er" (Zickzack 1980

Die Diskriminierung der Frau in der neuen Musik
Cordula Becker/Bochum

Jetzt reicht's. – Der Menstruationsblues der Gruppe *Liebesgier* (in diesem Band Seite 55) ist für mich ein Symbol der Verhöhnung der Frau und der damit verbundenen spezifischen körperlichen und geistigen Eigenschaften.
In offenkundiger Weise werden die Menstruationsschmerzen verniedlicht und sexuelle Hörigkeit als Mittel gegen Schmerzen indoktriniert.Der Mann,der da so selbstlos angehimmelt wird,mindestens 3 mal heißt es: "Du bist alles" – ist der Nutznießer intimster Bereiche der weiblichen Körperlichkeit. Selbst Menstruationsblut wird ihm opferbereit,so wie es die klassische Frauenrolle verlangt,an seine haarige Brust gedrückt. Trotz eines ausdrücklichen Hinweises auf die patriarchalischen Strukturen und die Unterdrückung der Frau als schöpferisches und selbstständiges Individuum,wie sie in "du ermordest mich zum Frühstück mit Skalpell" nicht hätte trefflicher ausgedrückt werden können,werden diese nicht näher untersucht und ausgeführt. Nein. Ganz im Gegenteil zieht diese offene Feststellung ein plattes "Du bist alles,ich gebe es dir" nach sich. Das Seziermesser,das Skalpell,mit der die Männerwelt die Frauen seziert und ausnimmt,verschwimmt plötzlich wieder völlig. Zweifel und berechtigtes Mißtrauen an diesen Methoden,werden durch neue Lügen zugedeckt.So bleibt alles beim alten.
Besonders erschütternd ist die Diffamierung durch eine angebliche Geldgier,die frau hat.Sie wirkt in diesem Zusammenhang geradezu wie eine Entschuldigung der unterstellten zwanghaften Natur,mit der Frauen ihre Beziehungen eingehen.
Keine Frau mit einem einigermaßen klaren Bewußt-

sein wird Schmerz, Verachtung und Folter, hier ganz offensichtlich in den Zeilen zu erfahren , durch Geldgeschenke ausgleichen können. Der Text, der Hörigkeit und Unterwerfung propagiert, ist betitelt auf "Menstruationsblues". Ich für meinen Teil kann darin jedoch keinen Witz erkennen, bestenfalls einen schlechten.

Frieder Butzmann "Vertrauensmann des Volkes" LP/Zensor/002/1981
"Waschsalon Berlin"/Butzmann & Sanja/Marat 1980

ha! das haste nich gewusst, wa?, dass es neben dem liebesbrief noch andere lesenswerte veröffentlichungen gibt? gar nicht mal nur die anderen „fanzines", die liest du ja eh'; und die sounds ist pflichtlektüre & ab&an der musikexzess,… [ja, ja, ist ja klar, ralf, fass dich kurz!] -, [den new musical express brauchste auch nicht zu erwähnen; auf was willste denn nun wirklich raus?, willste mir LITERATUR andrehen?], (ARNO SCHMIDT, z.b., besonders sein „KAFF, auch mare crisium" - als taschenbuch bei fischer, - 2 handlungen nebeneinander / ineinander verwoben, beide gleichermassa packend zu lesen; - ebenso packend, wie sie sich auseinander ergeben / gegenseitig beeinflussen; „nebenbei" werden die worte auseinandergenommen; dir wird klar / du ahnst mindestens, wie abgegriffen unsere sprache ist, wie unpräzise und wie heuchlerisch / verschleyernd: welche bedeutungen noch neben dem „tatsächlich" gesagten unterschwellig / halb-bewusst mitschwingen) neineiNEIN, literatur will ich keinem aufdrängen (auch lesenswert: H.P. LOVECRAFT, horror vom besten; neben E.A.POE, der allerdings sprachlich gewandter ist - auch bedingt durch die übersetzung vom arno schmidt.) (kurt tucholsky. damit der name endlich mal in 'nem fanzine auftaucht. richard brautigan. KURT SCHWITTERS.). ich möchte nur

---

* aus "Liebesbrief nach DIN", Herbst 80, DM 1,-
Sammlung Mutfak

Konzept für ein Liebeslied
der *deutsch-polnischen Aggression*

Baßgitarre: typisches ungedämpftes Schwingrauschen (mehr Höhen)
während der letzten 2/3 des Stücks übergehend zu einer fast über-
großen Viskose (Tiefen betonend, doch rhythmisch gleichbleibend)

E-Gitarre: Darf wie eine ausgesprochen geniale Vulva über den Ozean
fliegen (jedoch nie zu gleichförmig, absetzend traktierend)

Motor: ... setzt mit veränderbarer Drehfrequenz beliebige Transver-
salwellen in Grundschwingung (altkluge Radiokommentare als kurze
abwechslungsreiche Einblendung)

Im Mittelteil Wellen/ eine solche stehende Welle im Gummischlauch (der
bzw. im Schlauch entstehenden oberen Schwingung) verläuft parallel
zur Ausbreitungsrichtung der Torsionswelle/ nicht zu fest. Die reflek-
tierenden Frequenzen prallen aufeinander und bringen sich an das Ende des vorherrschenden Mediums/ zurückbleibende Oberflächen erre-
gen sich auf dem höchsten Ausschlag (Amplitudenkontrolle!!) und ver-
einigen sich mit einer möglichst unüberschaubaren Fortpflanzungsge-
schwindigkeit.

Schlagzeug: 2 Schläge im wahrscheinlichen Zentrum /klopfen
(dpa ist = kai / Konzepte = ariane / Motte)

Foto: Ausführung einer stehenden Welle (parallel zum Boden)

Grundlagen zur Molekularstruktur der Musik in den verschiedenen Zuständen

Nicki Vermöhlen

Musik im festen Zustand (gefroren) läßt sich in Noten niederschreiben. Es können Ordnungen in Melodie und Rhythmus festgestellt werden. Verschiedene Töne verbinden sich zu Harmonie- und Melodiemolekülen (je nach ihrer Struktur als Ring oder Kette). In diesem Zustand läßt sich die Musik in einem gewissen Maße zerschneiden und zusammenpressen zu verkäuflichen und konsumierbaren Stükken. Nahe dem absoluten Nullpunkt findet man die verschiedenen musikalischen Formen und Stilrichtungen.

Bei Energiezufuhr lösen sich zuerst die lockerer zusammengefügten Melodiemoleküle, während einzelne Harmonien über der noch fester verbundenen Rhythmuskette stehenbleiben.

Der flüssige Zustand ist erreicht. Dabei bleibt nur der Rhythmus bestehen; Melodie und Harmonien werden zunehmend atomisiert. Ihre Ordnungen lösen sich: die Töne geraten in eine Eigenbewegung. Nebenbei entstehen flüchtige und mehr oder weniger zufällige Disharmonien und ungewohnte Tonfolgen, bis sich keine festen Töne mehr ausmachen lassen. Sie gleiten, vibrieren oder schwingen. Die Musik wird heiß. Rhythmen vereinfachen sich, zerreißen.

Die Musik verdampft zu Geräuschen. In der Gasform läßt sich keine Ordnung mehr feststellen. Jedes Tonelement hat seine spezifische Eigenbewegung, die sich im Zusammenhang nicht vorausberechnen lassen kann. Die Teile kollidieren in der immer stärkeren Bewegung. Sie geraten aus ihren Bahnen und werden in neue geschleudert. Der Energiegehalt steigt gleichzeitig und läßt sich bei weiterer Zufuhr in der Wirkung nicht mehr abschätzen.

Das Verhalten fester Körper bei Erwärmung
M. Weber - Himmelsgöttermusik
N. Ufermöler

Also,hört mir mal jetzt heute zu. Das ist ein Text von der Gruppe: Natur und Technik. *Häha,es fängt an:*
Das Verhalten fester Körper bei Erwärmung.Wir untersuchen Rohr auf sein Verhalten,wenn es erwärmt wird,wenn es erwärmt wird. Wir klemmen ein etwa 60cm langes Kupfer- oder Eisenrohr mit einem Ende mit Stativ fest. Schließen dort einen Schlauch an.Unter das andere Ende legen wir eine Stopfnadel, auf den wir einen Strohhalm gesteckt haben. Hähe hihehi! Er wird als Zeiger vor eine halbkreisförmigen Skala -80,3- . Nun schicken wir etwa 1 min. lang heißen Wasserdampf durch das Rohr; der Zeiger wird -ämder Zeiger zeigt einen Ausschlag,an dem wir notieren. (1)

Das dubiose Duo *Natur und Technik* präsentiert Himmelsgöttermusik (das ist "Kirchenmusik mit der Haus der Gemeinde von Halleluja").Die Mitspieler sind lediglich auf ihre Rolle Natur beziehungsweise Technik festgelegt, was aber keine Rolle spielt. Die Instrumentierung (Töpfe, E-Gitarre, aufziehbarer Dampfer,Spielzeugtrompeten ...), die Komposition, die Texte sind mehr oder weniger nebensächlich; besser: werden im Endergebnis, mitsamt demselben,nebensächlich. Durch Wärmeeinfluß wird die Bewegung der Moleküle beschleunigt; feste Körper ändern ihren Zustand bis zur Gasform. Wärme ist Energie.

---

(1)Natur und Technik: *Massinga Daa - Physig (C-15)*

Ein Text: deming worling juman jupan chinchus,
Bollewlok und Dashbulding (2)

Musik ist von Natur aus flüssig,aber 100-fach in
diverse Stile und Richtungen eingefroren, er-
starrt und zu festen Körpern geworden.

Und hier ein Text den Heino in Jahre 1989 sin-
gen wird:
Rosabel Rosabel Ro - Ro - Rosabel
Rosabel Rosabel Ro - Ro - Rosa-a-ä-ä- abäla (3)

Gewohnheit läßt in allen Bereichen feste Körper
entstehen.

Jetzt machen wir Grammatik: Marc Weber geht in
Supermarkt einkaufen. Marc Weber ging in Super-
markt einkaufen. Ging Marc Weber in Supermarkt
einkaufen? Marc Weber ging in Supermarkt einkau-
fen. Geht Marc Weber in Supermarkt einkaufen?
Marc Weber geht in Supermarkt einkaufen. Super-
markt Marc Weber geht darin hinein einkaufen.
Geht Marc immer in Supermarkt? Marc Weber geht
in Supermarkt.Das war Grammatik. (4)

Die Energie,die hinter dem Vorgang "Musikma-
chen" steht, wird darin sichtbar, daß in eben
diesem Vorgang musikalische Formen aufgelöst
sind, sich ausdehnen. Die Texte,die vom Unter-
richtsstoff einiger Schulfächer bis zu Wortneu-
schöpfungen reichen oder aus allem Lesbaren
oder Denkbaren, das in der jeweiligen Situation

---

(2)M.Weber: Tomate Nr. 2 1. Aufl.: 1
(3)M.Weber: Tomate Nr. 1 1. Aufl.: 100
*(4)*Natur und Technik: *Massinga Daa - Physig (C-15)*

zu erreichen ist,bestehen,geraten in neuen Zu-
sammenhängen in Bewegung.Sie kreisen, zerreis-
sen, kollidieren mit Teilen, der oft bis zur Gasform
getriebenen Musik oder gehen darin unter.Die Sprache strukturiert die Bewegung des akkustischen
Gases in der Zeit und in verschiedenen Sinnebenen.

Die Tante Coca Cola Fan ist gestorben (5)

Foto
Die Natur, von der Gruppe Natur und Technik

---

(5)M.Weber: Tomate Nr. 1

Die Auflösung fester Körper in allen Lebensbereichen durch kreative Energie (6) macht die Beschleunigung der dadurch beweglich gewordenen Teilchen möglich. Die so gewonnene Geschwindigkeit der Eigenbewegung läßt die Teile in neue flüchtige Zusammenhänge fliegen*, die der Energiezuführende' als jeweilige Basis für den weiteren Prozeß nutzen kann. Die Steuerung dieses Prozesses erfolgt durch die Kontrolle der Material- und Energiezufuhr.

Schule ist sehr wichtig voraldingen in Mathe dann kriegt man ein guten Beruf. (7)

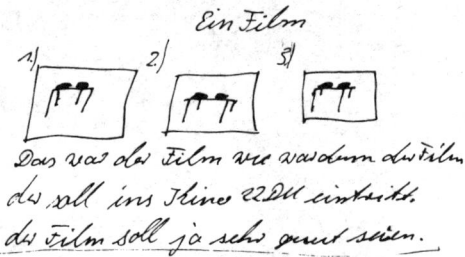

M Weber: Film zum Thema "Wie verhält man sich in ein Restorant" aus: ToMATe Nr. 2 38.12 – 1. Auflg.: 1

(6)vgl. B. Bargeld:"Unsre Energie wird sein, die alles zum Einsturz bringt", Einstürzende Neubauten/Stahlmusik (C-40), aufgenommen 1.6.80 EISENGRAU 1002
(7)M. Weber: Tomate Nr. 2

* Allzu flüchtige Zusammenhänge hält M. Weber in seinem Fanzine ToMATe fest. So z.B. Besprechungen von fiktiven Gruppen: "Wir wollen euch eine Band vorstellen Amateur Der Name der Band heißt Wolkenkratzer und es spielen alles Lielliputtaner Sie stehen auf Disco aber machen Nervenmusik
Ein Text: Du Du Duhuhu
            Du Du Duhuhu
            Ich sing das weil es mir Spaß macht und jetzt Du Du Duhuhu
                                                    Du Du Duhuhu
Der Gesang dauert 31 sec. Aber das Lied dauert 5 Stunden und da haben sie noch ein Geigensolo hineingequitscht." (Tomate Nr. 1)
Flüchtige Richtungen werden kurz beschrieben: Nervenmusik, Schimpansengekreische, saubere Musik (Band Teppich sauber halten), Naturmusik (Gruppe Pfadfinder).
Vorläufer von Natur u. Technik waren bisher: Grün, Gelb, Blau, Rot, Schwachsinnige, BP-Tankstelle, Rücky 12, Osterfahrt 180, James Lascht.

Foto aus aem Super 8 Film "Das Leben von
Sid Vicious" (Max Müller /N.Ufermöhlen,Ber-
lin 81)Darsteller von Sid Vicious: Oscar Dimitroff ,zweieinhaib Jahre alt.

Die Über-Doris
Klaus Laufer

Doris ist keine intellektuell verbrämte Dozentin an
der Technischen Universität, die grübelt, konstruiert und analysiert, um Anerkennung und Ruhm zu
erheischen. Nie hängt sie herum, um sich ihr Hirn
zu zermartern über die Visionen einer zukünftigen Welt.
Die Visionen, die sie empfängt und weitergibt, schei-
nen ihr quasi zuzufliegen. Sonderbare Schwingungen im ständigen Fluß, die Schwierigkeit im Fest-
halten, im Fixieren des Wesentlichen, ein Kampf
zwischen allgemeiner Dokumentation und dem Wir-
ken-Lassen, Ruhen-Lassen.
Weiß sie doch, daß die wichtigsten Spannungspunk-
te rückblickend erst sich herauskristallisieren und
der Füllrat, der zwischen ihnen liegt, lecker und
verführerisch ist, Bedürfnisse der Allgemeinheit
befriedigt, keine Rechtfertigung ihrer Existenz
bildet.
Wir erträumen uns ein Leben ohne Langeweile, ohne
Kopfdruck und Zahnschmerz. Wir erhoffen uns eine Überfülle interessanten Materials, eigene, ganz
subjektive Ideen, um uns als Individuum zu präsen-
tieren und gleichzeitig von der immer fremden Mas-
se um uns herum akzeptiert und anerkannt zu werden. Die Balance zwischen diesen Polen macht aus
uns ewige Opportunisten, kleine unbedeutende
Schleimer, weil die Geborgenheit in der Gruppe Sicherheit und Liebe suggeriert.
Eine seltsame Faszination übt Doris nun aus, scheint
sie doch eine wunderbare, wenn nicht gar *die* Lö-
sung unserer Leiden und Schmerzen gefunden zu
haben, etwas Sonderbares zu besitzen, daß ihr diese Macht verleiht.
Eine fremde Macht vielleicht, die ihr Wesen prägt

und durchdringt, sie stützt, eine Quelle unendlicher
Schöpfung darstellt. - Eine Macht, die zentrums-
orientiert und entmündigend sich auswirkt, herrscht,
beherrscht und bestimmt? Beobachten wir Doris
genau - jede kleine Geste, jedes Wort könnte der
Schlüssel sein, den Hintergrund ihres Wesens zu
enthüllen. Führt sie uns dorthin, wo wir noch
nie waren? Hält sie sich im Hintergrund, lebt doch
mitten unter uns, hört und spricht unsere Sprache, nimmt auf, läßt einfließen, gibt uns, ist ein soziales Wesen, in unserem Rhythmus und doch so anders wie wir.
Geneigt, ihr den Status eines in sich gewandten
Denkers, verkapselt und abgewandt, zu verpassen,
so entspricht ihr soziales Verhalten eben nicht
dieser Vorstellung. Sie wirkt weder wie ein beses-
sener Künstler, der seine irren Schwingungen mit
Ölfarbe auf Leinwand projiziert, noch erweckt sie
den Eindruck eines hochkreativen Schizophrenen.
Doris ist mitten unter uns. Beim Small-talk genauso, wie bei der aktuellen politischen Diskussion.
Fernsehen dann und wann verschmäht sie genauso wenig, wie die Einladung einer lustigen Pudding-
Party.
Sie ißt mit uns, lacht mit uns, singt mit uns. - Und
doch ist sie anders und wir wissen nicht einmal, ob
sie sich dessen überhaupt bewußt ist, geschweige
denn, eine Ahnung unserer Bewunderung spürt.
Seien wir einmal aufrichtig: Hätten wir uns nicht
längst an ihrer Stelle einen Künstlernamen zuge-
legt, um unsere Andersartigkeit, unser heraus-
ragendes Wesen zu betonen? Hätten wir nicht
längst versucht, uns mit solch einer Begabung fi-
nanziell unabhängig zu machen und ein problemlo-
ses Leben zu führen?
Doris tauften die Eltern ihr Kind und Doris nennt
sich auch heute noch so, bewegt sich entschieden
auffällig unauffällig.

Wir werden uns unterstehen, in ihrer Mülltonne
herumzuwühlen, um vielleicht irgendeinen Hinweis,
eine Andeutung zu erheischen. Schon jetzt wissen
wir, daß wir nichts finden werden und Vertrauen
zerstören können. Ein schelmischer Seitenblick
von Doris wird uns später verunsichern und zutiefst beschämen, welch üble Gedanken in unseren
gewöhnlichen Hirnen Einzug halten.
Die zahlreichen Gespräche an den schönen Sommer-
abenden dieses politisch so brisanten Jahres,
brachten uns keinen Schritt weiter, sondern ver-
wirrten das Netz der Vorstellungen und Vermu-
tungen zur Unkenntlichkeit. Zurück blieben Trug-
schlüsse, vage Vor-urteile, unkontrollierbare Hin-
weise.*
Doris geht gerne schwimmen, wählt die Alternative
Liste, schwärmt vom "Biotop Gleisdreieck", wo sich
die Natur ein Stück zurückerobert habe, empört
sich über die Gedankenlosigkeit ihrer Mitmenschen,
Selbstsucht und Haß.
Gleichwohl erkennt sie die Notwendigkeit der Tran-
sitstrecke von und nach Berlin und einer abge-
schlossenen Schulausbildung.**
Wir haben sie nie merken lassen, daß sie in unseren Augen etwas ganz Besonderes, etwas Außer-
gewöhnliches ist: Ein Phänomen, unerschließbar in
ihrer ganzen Tiefe, Intensivität und Ausdrucks-
kraft. Ein Wesen unverbrauchter Schönheit und sozialen Mitgefühls. Das Geheimnis indes in ihr bleibt
uns verschlossen.
Glaubten wir, einen Schlüssel gefunden zu haben,
das Tor zu öffnen, sahen wir, wie zum Hohn, die
gleiche Tür vor uns. Wie bitteres Lachen klang es
in uns und wie wir uns bemühten, so verzweifelter
und verbitterter wurden wir.
Waren die Türen, die wir sahen, nur bloße Fiktionen,

---

* vgl. "Die Wahrheit ist über dem See und zieht mit dem Wind", Gudrun
  Gut / Zitatproben 1980

um unser ständiges Interesse wach zu halten, die
Neugier nie zum Erlöschen zu bringen, um uns
dann tief erniedrigt in den Dreck zu werfen? –
Wird die endgültige Gewißheit uns je erleuchten –
vielleicht im Tod – der uns die Konturen, verschwom-
men und undeutlich, klar zu erkennen geben wird.
Wird uns Doris dann erlösendes Aufatmen, Befreiung und totale Wärme vermitteln, wie sie es vielleicht im Leben nie konnte oder durfte?

** Doris bewirbt sich um einen Sitz im Berliner Senat (10.5.81), Wahl-
   kassette (C-15), Auflage 20) ; entspr. Flugblatt wurde bei Konzert
   verteilt.

Tabea Blumenschein, Engelsharfe u. Schifferklavier

Doris als Musikerin
Nikolaus Utermöhlen

(Jede Einstellung hat die Länge eines automatischen Zooms/herankommend/klein-groß/das Ganze-ein Teil/ mit größerer Geschwindigkeit aufgenommen/zwischen den Teilen ist ein Schwarzstück)

Marika Röck: rhythmus im blut *(1)*
Der Rhythmus des Herzmuskels läßt das Blut stoßweise aus der offenen Wunde schießen.Nylonstrümpfe werden steif durch getrocknetes Blut. Das Taktgefühl geht im Krieg verloren. Lieber gar kein Herz als ein Herz aus Paprika.

Musik als Strukturierung der Zeit -
natürliche Rhythmen:
     sommer-winter/der mond/(äußere)
     atmen/herzschlag/zittern/(innere)
Beeinflussung des Bewußtseins,Befindens durch Abwandlung der natürlichen Rhythmen (Urmusik). In der Neuzeit kommt der Rhythmus der Maschine (Technik) hinzu.Polyrhythmik-Mehrdeutigkeit,Verallgemeinerung des Ausdrucks in der kultivierten Musik. Kopulationsstrukturen machen Musik kommerziell verwertbar (angenehm,ansprechend)...

Doris als Musikerin.Daß Doris tödlich ist,ist ihr selbst gar nicht so klar.Denn sie liebt eigentlich alle Menschen.Sie war sozusagen auf einem humanistischen Gymnasium,wo sie natürlich auch Musikunterricht hatte.Musik mag sie sehr gerne,wie alles.Ob sie jetzt gar kein Instrument oder alle beherrscht,ist egal; sie findet es toll,wenn Menschen

---

(1) vgl. *Interview mit* **Mutfak Reisse** *im Münchner "Zlof":"Wir haben doch alle Rhythmus im Blut."*

Musik machen.Eigentlich sollte jeder ein bißchen
musizieren.Doris versteht sich nicht direkt als Mu-
sikerin; das würde sie als eine Einschränkung für
sich sehen.Zum Glück gibt es so viele,die das Mu-
sikmachen für sie erledigen.Trotzdem ist sie keine
Dirigentin.Doris singt ganz gerne,ihre Lieblings-
instrumente sind Sirenen. (1)

"Wie gut,daß man sich informieren und musik hören kann"
(In der Pause - vor dem Regionalprogramm - "Berlin am Abend" -
Beginn 19.30 Uhr - MUSIK - vom Sender Freies Berlin)
aus dem Foto-Dokumentararchiv vgl. Seite.

(1)Dazu ergänzend Leserbrief in TIP 23/81,bezugnehmend auf Bericht
über die große Untergangsshow/Festival genialer Dilletanten:"Null-
Musik.- Wahrscheinlich bin ich hoffnungslos altmodisch.Aber es hat
mich ganz schön irritiert,daß auf den S.60-65 in TIP 20 insgesamt
49 mal (wenn ich richtig gezählt habe) das Wort "Musik" (oder "Mu-
siker" etc.) vorgekommen ist.Man sollte ja mit Begriffen nicht pin-
gelig sein,aber das empfand ich als Frechheit denen gegenüber,
die sich noch die Mühe machen,wirklich Musik zu machen.Ich dachte
immer,Musik zu machen hätte doch wenigstens ansatzweise etwas mit
Kreativität zu tun,aber bei den "genialen Dilletanten" = NULL!..."
H.D.Rhein/Rüsselsheim

14. 11. 81: *Tournee-Abschluß von* Einstürzende Neubauten/MDK/Sprung aus den Wolken *im SO 36,Berlin.* Die Tödliche Doris *mit bekannten Texten in Fremdverkörperung* "Helmut Drucker" *(Stiftung Attasee) Matthias Motte (dpa) und Ziggy XY* (Kosmonautentraum) *setzen sie in Szene. (Foto Arno)*

17. 9. 81 Die Tödliche Doris *(Original)* Videoaufzeichnung aus dem RISIKO

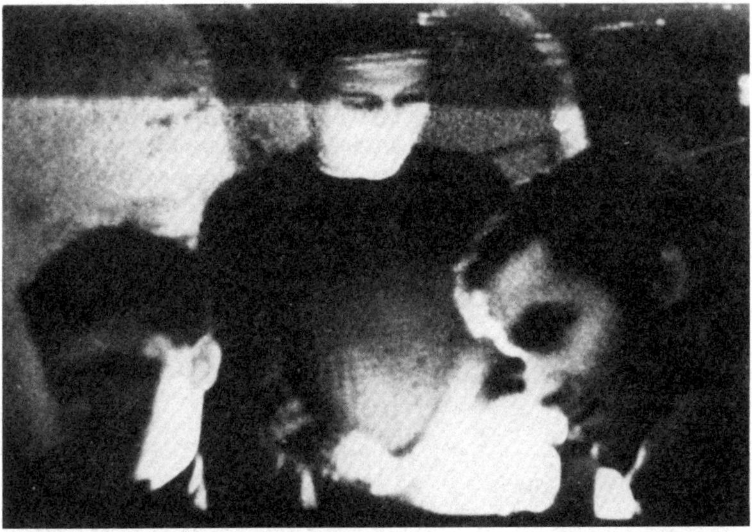

Psycho-chirolog. Inst.
Katzbachstraße 22
1000 Berlin 61
Tel.: 030/7864257

Berlin, 22.11.81

Sehr geehrte Frau Haseneder,

in der Hoffnung, es habe sich dabei nicht lediglich um
einen flatus vocis gehandelt, möchten wir Sie Ihrer
Zusage erinnern, unserem Institut eine Werbecassette,
des Inhalts einer Vertonung unserer Theorien, zu entwickeln. Nun ist es nicht unsere Art, die inspirative
Aura einer Künstlerin durch Drängen zu stören; dennoch
erscheint uns ein sachter Hinweis - wenigstens auf unser
Bedürfnis nach Klarheit - angemessen.
Also: Bleibt Ihr Wort aufrecht? Wenn ja, könnten Sie uns
einen etwaigen zeitlichen Rahmen nennen, innerhalb dessen
Ihnen eine Fertigstellung des Werkes realistisch erscheint?
Angesichts der hohen Einschätzung Ihrer Qualitäten
unsererseits und des, durch Ihre Arbeit für unsere Sache
zu erwartenden positiven ökonomischen Effekts, haben wir
uns entschlossen, Ihnen weitere finanzielle Anreize zu
bieten, bestehend aus einer 5%-igen Beteiligung an den,
eindeutig durch die Suggestivkraft Ihrer kreativen
Leistung erheischten Gewinnen und einer 50%-igen Er-
mäßigung für eine psycho-chirologische Krisenberatung -
sollten Sie sich je in einer entsprechenden Lage befinden.

Mit freundlichem Händedruck!

J. M. Hauser

Sprechzeiten:
Mo - Fr, 17 - 24h

Kosmonautentraum Nr. 5
Michael Jarick

"Ich wühle in Körpern –
toten Körpern, roten Körpern
aufgeritzt, aufgeschlitzt.
Ich greife in Körper –
Bakterienkörper leere Körper
Nimm dir ein Stück
Nimm dir ein Stück.
Ich wühle in Körpern
(Fleisch mit Blut.
Verfaultes Fleisch.
Stinkendes Fleisch.)"

Gold und Liebe...*angesichts der hemmungslosen
Brutalität von Hunger, Wollust und Machtwille sich
schauernd abzuwenden, aber daß gerade die Liebes-
leidenschaft und das Zärtlichkeitsbedürfnis wurzel-
haft verbunden sind mit dem Drang zum Töten und
Fressen (nicht etwa zum Quälen, nein zum Verschlin-
gen eines begehrten Leibes) das läßt uns einen tiefen Blick tun in das Geheimnis der Natur, welches
man mit dem Worte Grausamkeit ebenso verfehlt,
wie mit dem Worte Liebe oder Barmherzigkeit...*
(aus: "Die Geschichte eines Wehrwolfs", Theodor
Lessing über Fritz Haarmann).

Der o.a. Text der Gruppe *Kosmonautentraum* lehnt
sich direkt an das Leben und Wirken eben dieses
Fritz Haarmann an, der in der Heimatstadt von
Kosmonautentraum, Hannover, in der Zeit von 1918-
1921 27 Knaben (24 Fälle konnten ihm nur nachge-
wiesen werden) getötet und deren Fleisch/Kleidung
verkauft hatte.
Gleichwohl steht er für alle Geschichten von Wolfs-
menschen und Vampirismus, zurückgehend bis in

Droge: "Der Tod kennt nur ein Gesicht"
"Meins".

die graue Vorzeit der Völker.Der Wille zur Vernichtung des anderen und das Verlangen nach Selbstvernichtung steht in enger Beziehung zum Liebesleben und der Todessehnsucht.Einbeziehend die Wunschvorstellung,sein Liebstes und Nächstes zu töten.

So wurde in Urzeiten Töchter und junge Männer aus guten Familien geopfert,um eine gute Ernte etwa zu erflehen,die Götter gütig zu stimmen.Menschenopfer.

In der ganzen Breite der Geschichte der Menschheit nehmen Opferungen dieser Art eine herausragende Stellung ein.Wahrlich,ich sage euch...Auch das Herausschneiden und Trennen von Organen des Körpers sind überliefert,um diesen nach Gutdünken Prophezeiungen zu entlocken.So heißt es in Petronius Satyricon,daß nach dem Tode des Eumolp derjenige sein Erbe antreten konnte, der laut seinem Testament,seinen Leib vor den Augen des Volkes verspeiste.Doch auch ohne Versprechen eine Erbschaft erhalten,wurde Menschenfleisch vertilgt, in großen Hungersnöten,wo der Hunger,und nur dieser,zu dieser Speise antrieb,die Einbildung vor dem Ekel überwindend. Der Verzehr von Menschenfleisch aus rituellen,religiösen Motiven,den Missionaren und Kolonialherren aus europäischen Landen verfolgten und unterbanden,diente zur Untermauerung der Behauptung,die Ur-Einwohner/Kannibalen seien unterentwickelte Menschen,fast noch Tiere.

Der Text Nr.5 versucht,eine einfache und klare Sprache zu gebrauchen,um eine Andeutung von den Triebwurzeln,der in uns fast schon abgestorbenen Sinnlichkeit,dem Hörer/Leser zu geben.

Wir,die wir uns des Tötens in Heimlichkeit rühmen, bekennen nur ungern die Schuld -
unser aller Schuld!

Die kulturell bedingte Schuld-Struktur
Doris T.

Ich bin schuld
Du bist schuld

Das ist die Schuld-Struktur

Täter und Tatopfer
(Der Täter tut das Opfer in die Tüte)

Ich bin schuld
Du bist schuld

Wir sind schuldig
schuldig!*

Das Gefühl der Schuld (gleichwie der Verlust sexuellen Interesses) als Ausdruck einer starken Depression ist ein Phänomen der westlichen Kultur, namentlich Europas und der USA. Hier steht die Selbstverantwortung des einzelnen stark im Vordergrund.Eine mißglückte Handlung,wie beispielsweise ein fehlgeschlagener Annäherungsversuch an eine begehrte Person,läßt diese Enttäuschung als Schuld-Gefühl entwickeln ("Ich habe versagt"), die der Handelnde direkt auf sich projeziert.
In vielen afrikanischen Ländern hingegen leitet der Handelnde die Schuldursache auf andere Menschen oder ihm bösgesinnte Götter ab.Auf diese Weise werden streßhafte Situationen direkt nach außen transportiert,Gefühle wie Angst und Wut werden an Ort und Stelle ausgelebt.
Die Verklemmung der westlichen Gesellschaft und ihre mannigfaltigen Tabus,ihr Mechanismus einer indirekten Verarbeitung und Ableitung von emotionellen Bewegungen,erzeugt so ein Klima extrem-

ster Schuldgefühle.

Ein Beispiel:

Doris war knapp 4 Jahre alt,als sie beim Obsthändler eine Stachelbeere stiebitzte.Nicht aus Vorsatz,
sondern aus einer unbestimmten Laune heraus.Nie
zuvor hatte sie einen Diebstahl verübt.

Der Obsthändler,der zufällig das Geschehen beob-
achtete,informierte die Mutter,die ihre Tochter
schließlich aufforderte,sich des Deliktes bewußt
zu werden und dem Obsthändler 2 Pfennig für die
Stachelbeere zu bezahlen.

Noch Jahre später hatte Doris Schuldgefühle beim
Einkaufen,glaubte immer an der Kasse zu bemer-
ken,daß ihr die Kassierer einen Diebstahl unter-
stellten.Beim Bezahlen wurde sie rot im Gesicht,
fing an zu stottern und verkrampfte sich,was natürlich die Verkäufer mißtrauisch machte.Scham
und Schuld, der Teufelskreis einer Schuld-Struktur. Der Täter (hier: der Dieb) verstaut gemäß
dem Ritual der westlichen Kultur das Tatopfer(hier:
die gestohlene Ware) in eine Tüte,um die Tat un-
sichtbar zu machen.Verleibt er sich schließlich das
Opfer (die Stachelbeere) ein,so entsteht ein inner-
lich langanhaltender Druck,der als Schuld-Struktur für jeden sichtbar transformiert ist.

Im Sinne eines ursprünglichen Verhaltens würde
der Täter das Tatopfer auf seinem Altar mit Blumen
umkränzt den Flammen opfern,weithin sichtbar
für seine Umgebung, frei von Schuld und Zwang.

---

* Die Tödl.Doris "Schuld-Struktur" auf LP (2 Versionen)/Zickzack 1982

Der Y-Klrmpfnst-Comic von Fxxxfrosch(Ausschnitt)

... und Bedeutung der Literatur
im genialen Dilletantismus
Mutfak

".. Ein Grundgedanke, ist er einmal vorhanden, kann
variiert und umformuliert werden, ohne daß sich an
seiner Aussage etwas ändert; um seine verschiedenen Teilaspekte aufzuzeigen, ist die Übertragung
dieses Leitgedankens von einem Medium ins andere
nicht nur möglich, sondern notwendig."(1)
Von dieser These ausgehend ist die Forderung
nach außermusikalischer Verarbeitung der Idee des
genialen Dilletantismus unabdingbar. Kleinformati-
ge und auflagenschwache Zeitschriften, durch preis-
werte Fotokopieverfahren möglich geworden, unterstützen neue musikalische Ausdrucksformen der po-
pulären Musik, sogenannte Fanzines (2), die zufällig nach dem gleichen Muster wie Schiffe agieren
können (3). Ob Fanzines oder Schiffe mehr oder
weniger Kunstformen (oder Anti-Kunstformen) sind,
überlassen wir dabei jenen kleinen Geistern, zu deren größten Problemen die mangelnde Übersicht
über die modernen Lebensumstände zu sein scheint.
Schiffe reisen nicht in luftleeren Räumen, sondern
sind Produkt vielerlei Umwelteinflüsse (diese Ein-
flüsse sind politischer, gesellschaftlich-sozialer, immer aber auch zutiefst persönlicher Natur). Der
Katalysator (4) für die Fusion all dieser Schiffsmodelle zum sichtbaren Ausdruck einer Kultur, voller
Verachtung vor den Idealen der spießbürgerlichen
und vor allen Dingen anti-bürgerlichen Gesellschaft,

(1) "Einführung in die Medienwissenschaften", Andreas Weber
(2) Zeitschriften von und für Fans
(3) Schiffe auf Wellen
(4) Katalyse = Herbeiführung, Beschleunigung oder Verlangsamung
einer Stoffumsetzung / aus gr. kata-lyein "auflösen". Katalysator
"Stoff, der durch seine bloße Anwesenheit Reaktionen bestimmt her-
beiführt oder deren Ablauf bestimmt". Der Große Duden 7/1963

war die partielle Veränderung/Rückwendung, die
die Musikszene in den letzten 6 Jahren erfahren hat.
Je schneller und oberflächlicher die Musik (im posi-
tivsten Sinne), umso schneller können die Schiffe
sich bewegen, umso aktiver nehmen die Konsumenten am Umweltgeschehen teil.
Während jedoch auf herkömmlichen Wasserfahrzeu-
gen Ziel und Route festgelegt sind, dürfen diese
Schiffe während der Fahrt bremsen und ein Stück
zurückfahren. Der Steuermann revidiert oder rela-
tiviert seine kurz vorher getroffene Entscheidung(5)
bezieht sie ein zur Gesamtheit, so daß die vollstän-
dige Fahrt als fotokopiertes Logbuch einer interessierten Öffentlichkeit zugänglich gemacht werden
kann. Pädagogen nennen das Spontaneität. Der in-
teressierte Leser findet zu diesem Thema bezüglich
diverser Schiffsmodelle und musikalischen Ausdrucksformen der letzten Jahre (ich möchte hier
nicht näher darauf eingehen, es würde den Rahmen
dieses Aufsatzes sprengen) genügend einschlägige
Publikationen, die die einzelnen Aspekte dieser Phä-
nomene erläutern können (6).
Festzuhalten jedoch ist die von den Mißverständnissen geprägte Deutung der Logbücher von Pädagogen, die ihr äußeres Erscheinungsbild, ihr Format
- im Fachjarhon "Lay-out" - allzuschnell überneh-
men (schräg geklebte Texte, Text-Collagen durch-
löchert, Randbeschriftungen, Farbüberdrucke, Bei-
gaben, Poster) um ein bequemes Lesen zu ermöglichen. Die Unkenntlichkeit und Unleserlichkeit eines
Schiffes auf den Wellen des Meeres ist jedoch einer der
bedeutendsten Bestandteile seiner Existenz. (7) *

---

(5) *Beispiel:"..und die Moni soll es mir nicht übel nehmen, daß ich nicht
mit ihr zusammen Wiener Würstchen essen wollte, du weißt ja, Bak-
terien und so. Und wers immer noch nicht mitgekriegt hat, dieser
Artikel war ein sogenannter Lückenfüller! Ha, ho, hiha, ha!!"
(aus a bayrisches Zlof-Magazin, Nr. 5, signiert Jeff Streß 1981/zlof-
imperium-verlag münchen)*
(6) *Musikbücher bis Soundskritiken über ...*
(7) **Hirtenbrief der katholischen Bischofskonferenz** *(40 expl.) 1979/80*

in Schutzumschlag lose Seiten, handgeschrieben.
Willkürakt? 10 (144 expl.) 1981/ Hamburg als Spaghettigericht,
Teller/Löffel/Gabel/Spaghetti/Ketschup mit Beilage: "Noch mehr
über brechende Wellen...noch mehr über falsche und eingefahrene
Wertvorstellungen...noch mehr über die Vergewaltigung eines
Blatt weißen Papiers...noch mehr über die Sinnlosigkeit nur einen
Weg zu gehen...noch mehr über zerfetzende Geräusche...noch
mehr über Geschwindigkeit...vergeßt.../Schluß mit.../Freßt
euch...
Y-Klrmpfnst 2/1980 (14 geheftete Seiten, 5-farbig/Berliner Teil)
".. endlich kann man alles lesen, der Druck ist oft so schlecht.."
". wenn mich irgendetwas nicht im geringsten interessiert, dann ist
es musik..."

* *aus Kunst-Gruft Nr. 4 , 1/2/1981 (Nr. 4 als Superluxusausgabe):*
"Na ihr Napfsülzen. Wohl wieder auf sone blöde Zeitung reingefal-
len! Wie kann man nur so bescheuert sein und für sowas DM aus-
geben. Was wird euch denn schon geboten?? Au man, was hier drin-
steht kann doch jeder Idiot und Wasserkopp, der sich ein bißchen
auf Konzerten rumtreibt zusammenschmiern'. Sucht man sich ein-
fach nen einigermaßen abgefahrenen Spruch aus, und benennt da-
nach das Blättchen, zieht durch die Gegend, macht Schnapsaufstand
und schreibt danach, was man alles kaputtgekloppt hat und wieviel
ihr gesoffen habt und wie "irre" das ganze war. Dann vielleicht ein
paar Schallplattenkritiken und Hitparaden ein paar Parodien auf'n
Papst, Strauß und den SCHEISSstaat. Das beste aller besten Blätt-
chen ist fertig. Wenn man dann noch geschafft hat "individuell"
zu sein, findens auch alle Fanzineschreiber von Nord bis Süd gut,
und das will man ja schließlich nur. Fanzines sind also dazu da,
daß jeder wichsende Student und sabbernde Oberschüler (hallo
du alter langweiliger Hollow Skai!!) seine Ergüsse nicht nur in
irgendwelche Tücher, Lappen usw. abläßt, sondern auch aufs glän-
zendweiße Papier, um dann lechzend die Reaktionen irgendwelcher
monotoner verborter SEXPISTOLSCRASSANARCHYFANATIKER mit-
zubekommen, die einem ein warmes befriedigtes Lustgefühl geben.
Seiner Umwelt gegenüber ist ein Fanzineschreiber nie auf verlo-
renem Posten, denn er fühlt sich stark und selbstbewußt. Er tritt
auf wie eine teilweise wichtige Persönlichkeit, die Einfluß ausübt,
Veränderung bewirken kann...Und außerdem ist er meist besoffen."

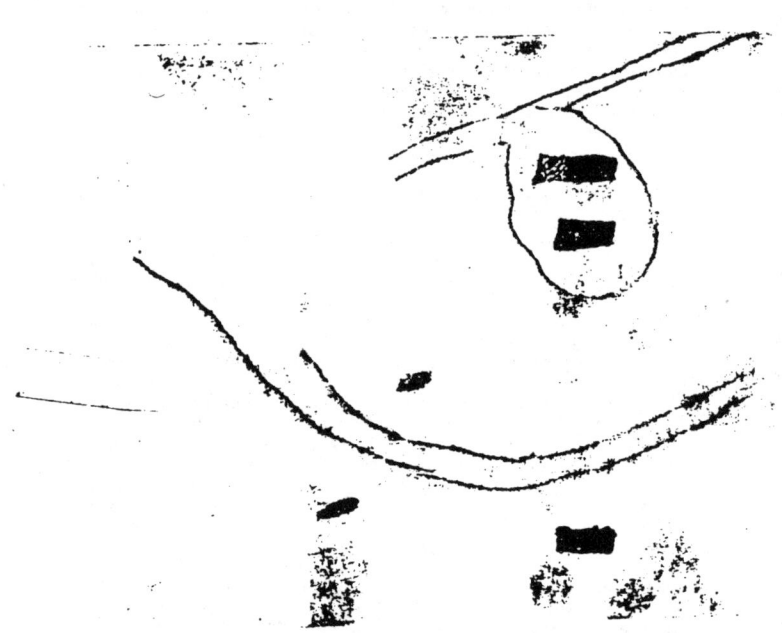

Abb. zeigt die Vor-Schleifspuren einer Violine, stark vergrößert, auf
Magnetband fixiert. (Das Repro wurde auf einem Plakat anläßlich einer
Veranstaltung im SO 36 am 10. Mai mit Malaria, Ich's und anderen ver-
wendet)

84

Anleitung zur Ertastung von
Vor-Schleifspuren im Kopfgetriebe
Wolfgang Müller

Tief im Unterschorf, in den krustigen Narben, ertasten wir eine subtile, fast unmerkliche, verschwommene Spur - eine, schließlich als Ganzes erkennbare, ständig fluktuierende angerissene, eingesandete Fährte.
Zur gleichen Zeit erspüren wir diese Spur in einem noch nicht real existierenden, noch nicht stattgefundenem Zeitraum auf. Dem Zeitpunkt, wo die Reste und Bruchstücke dieser Fährte, Spuren in einer vorhergehenden Zerstörung ruhend, den neuen Zeitpunkt der Restaurierung und Rekonstruierung berührt.
Die beiden Zwillings-Bilder mit den Schleifspuren bestehen jeweils aus einer Unzahl kleiner dunkler Punktfelder, konzentriert in sich, die Punkte in gleichem Abstand zueinander. Rasterpunkte ruhig und gleich.
Kommen wir mit einer konzentrierten Intensität unseres Denkens auf diese Ebenen, gesteuert von Instinkt und Gefühl, so bewegen sich die Punkte. Verschwinden dort, rücken hier näher zusammen, konzentrieren sich, verschmelzen. Erst allmählich setzt sich das Bild zusammen, bewegt sich jedoch nicht in eine bestimmte Richtung, sondern schwingt und flimmert durch Fluktuation der stärker/schwächer sich abzeichnenden Punkte und Felder. Die einheitliche Konstruktion, die grundsätzliche Richtung, die Proportion des Ganzen verändert sich nicht.
Da wir diese von uns ausgelöste intensive Schwingung nicht gleichhaltend in ihrer Konzentration einsetzen dürfen, müssen wir ständig durch leichte Schwingung kontrollieren, reflektieren, um nicht

in große Angst zu fallen. Um nicht hypnotisiert zu
werden von diesen subtilen, aber hochmagnetischen
Punkten; daß sie nicht starr werden, stehenbleiben (sich umdrehen), uns die Kälte und den Tod
bringen.
Gleichzeitig: Mit dem verwehten Bild einer Vergan-
genheit und dem Bild einer zukünftigen Vergangen-
heit. Mit diesen Visionen, einer Realität in ständi-
ger Bewegung, in einer gegenseitigen, gleich-zei-
tigen Balance, setzt unser Instinkt ein ungefähres
Bild zusammen, eine Gewißheit.
Dieses Bild ist romantisch, nicht sentimental, ein
mehr willkürlicher Haltpunkt, in dem wir uns ver-
lieren können, weil er entspannend und unfertig ist,
für jedes Individuum methodisch nachvollziehbar
nur in einer extremen Subjektivität. Immer faszi-
nierend und spannend.
Dieses entstehende, flimmernde Bild, seine brüchi-
gen, angedeuteten Verdichtungen und Strukturen
sind lose im Sand eingebettet, in leichter Wellen-
form aufgedeckt/verschüttet. Eine Andeutung, Wi-
derspiel, nichts Endgültiges, nichts Zentrierendes,
kein Befehl.

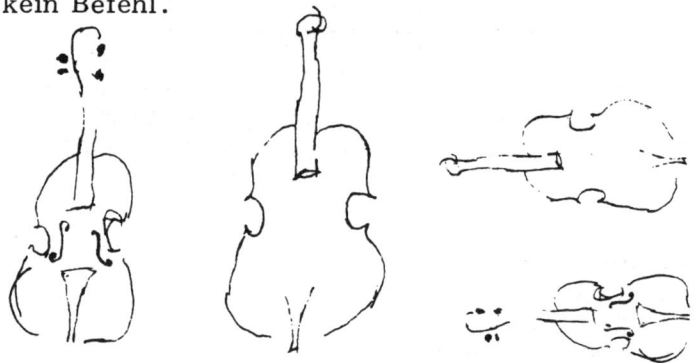

*Abb.: Fluktuierende Schleifgeige, die durch beschriebenes Verfahren
sichtbar gemacht werden konnte. (Zeichnung eines 25-jährigen Deko-
rateurs)*

86

Geschwindigkeit und Geläufigkeit *
*Nikolaus Utermöhlen **

Robert ist allein zuhause. Eben hat Birgit angeru-
fen, daß sie vorbeikommt. Sie können vielleicht was
zusammen unternehmen. Er liegt auf der Matratze
und fährt mit seinem Zeigefinger das Muster nach.
Wann kommt sie endlich? Nachdem er eine Zigarette
geraucht hat, klingelt es. Sie gehen in einen Film.
Später sind sie immer öfter zusammen und schließlich ist Birgit schwanger.Es wird ein Junge.Micha-
el heißt er. Robert und Birgit haben geheiratet
und müssen viel arbeiten, damit Michael einmal stu-
dieren kann.Doch als es soweit ist,ist Robert längst
bei einem Autounfall ums Leben gekommen und Michael unterstützt seine Mutter,die dann in ein Al-
tersheim muß,als Michael beschließt,ins Ausland
zu gehen, wo er viel erlebt. Aber nach 100 Jahren
weiß niemand mehr etwas von ihm.

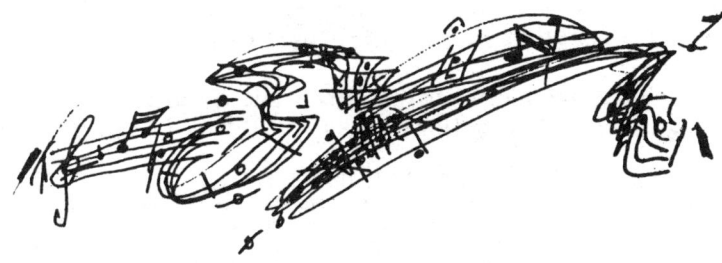

Zeichnung: Nikolaus Utermöhlen,Berlin 81

* *singt Frieder Butzmann /Liebesgier/ auf "Geräusche für die 80er"/ Zickzack 1980*
** *von* Die Tödliche Doris. *Auszug aus einem Manu-
skript mit dem Arbeitstitel "Robert /Birgit /Michael"*

Schnelle Gruppen
Claudia Schandt

Geschwindigkeit kann verwendet werden,um der Geläufigkeit zu entgehen. Die Katze mit den Blechbüchsen am Schwanz rennt immer geschwinder ihrem hinterrücksem Geklapper davon und steigert sich allmählich in die Ekstase. Immer schnell zu spielen,um nicht geläufig zu werden, hat mit dieser Form der sinnlichen Steigerung schon weniger zu tun.

Hans & Gabi mögen Geschwindigkeit, wollen jedoch auch Triumphe feiern oder wenigstens Beachtung finden, damit sie sich auflösen können (1).

"Hauptgruppen" werden mit Applaus und taktvollen Klatschkonzerten getötet, die junge "Nachwuchsband", wenige Tage vor ihrer großen grossen Chance gegründet (2), möchte gern unberechenbares Publikum disziplinieren,indem es *Hans & Gabi* zur vollständigen Auflösung zwingt. Blut fließt aus dem Kopf von Exot, ganz spontan berechnend,so daß die Gruppe weiter musizierend das Publikum unterhält, bis die Sturzflut der Flaschen und tätlichen Angriffe eine weitere Fortsetzung unmöglich macht, die Geschwindigkeit vergrößert.

Lustige Geräusche unterhalten mit diversen Tonfolgen und Melodiebögen das Publikum (3) und ei-

---

(1) *spielen als "Vorgruppe" der UK Subs im SO 36*
(2) *"absolute action",so BRAVO,"erzeugte die 'Nachwuchsband'...*
... Das Schlagzeug bestand aus mehreren Blecheimern,die Baßgitarre hatte zwei, das Instrument von Leadgitarrist Exot genau eine Saite...Katzenmusik wäre eine viel zu noble Bezeichnung gewesen für das Horrorgemisch aus Kreischen,Heulen,Schreien,Harmonikagedudel und dem Todeslauten einer sterbenden Elektrogitarre,das mit brutaler Lautstärke aus den Boxen dröhnte..." BRAVO,1/12,1980.
(3) *beziebt sich auf Konzert im Quartier Latin/irgendwann 1980,vergl. auch hierzu* Alexander von Borsig *Statements S.54 ,Mitspieler der Lustigen Geräusche an jenem Abend.*
Einstürzende Neubauten **&** Die Sentimentale Jugend *co-operative zweier revolutionärer Ideen/Berlin 1980,Monogam*

88

Beatrice von Drei Mädels und das Meer

nen argwöhnischen Musikkritiker, der seinen Platz
in den ersten Reihen etwas neuartiger Musik gefunden hat. Ist er in der Geschwindigkeit weniger ver-
haftet als in der Geläufigkeit, so fällt seine Kritik
dementsprechend vernichtend aus. Resümee des
Dargebotenen gipfelt in seiner TAGESSPIEGEL-Spar-
te auf *Sentimentale Jugend*, verarbeitend die schwe-
re Nacht zuvor. *Ideal* geradezu für die Geräusche,
die so tituliert schnell ihren Namen wechseln und
zur *Sentimentalen Jugend* heranreifen.
Geschwindigkeit bei entsprechenden Anlässen (1),
Stimmtalent kostenlos und durchaus gewaltig ein-
setzend, zwingt etwas langsame, weniger feurige
Musikanten zur personellen Umstrukturierung ihres Ensembles. Wenn der "Newcomer" sich auf die
Bühne stürzt, das Mikrophon ergreift, dabei den
Sänger (2) zur Seite stößt, dann wird die Perso-
nenkartei mit höchster Geschwindigkeit durchge-
blättert, Karten kippen gleichsam einem Domino-
Spiel zur Unkenntlichkeit. Der Abend ist gerettet
und damit das Publikum, dem nichts anderes übrig-
bleibt, als sich durch gezielte Schmährufe bemerkbar zu machen.
Kraft und Freude gehören dazu, um dieses Ereig-
nis so freudig verarbeiten zu können - nahezu eine *Mutterfreude* - die Mutter empfinden sollte, angesichts dieser leichten Geburt.

---

(1) *bezieht sich auf einen Abend im SO 36/Newcomer = Nadja Moldt**
(2) *Gruppe* Kraft durch Freude / *Schweiz*
*   *Nadja Moldt mit* ALU *auf "ALUs riskantes Projekt", live im RISIKO
    1981/Berlin, Eigenproduktion.*

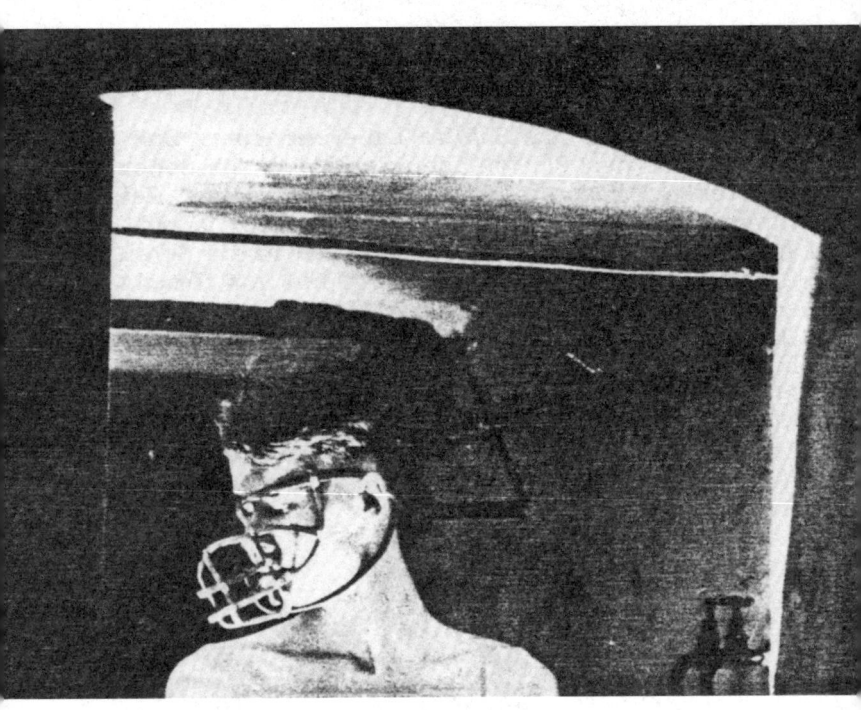

...so trägt jeder sein eigenes gefängnis mit
sich, und - um sich wenigstens teilweise zu
erleichtern - projiziert das *ich* sein gitter
nach außen und baut sich einen knast. dies
hier ist mein knast, einer von vielen.
wau . wau .
("Hundemusik", Hans-Werner Marquardt 1981.
Realisiert dreimal, 27. 2. 81 mit Didaktische
Einheit/Videofilm/Film *von Lothar Lambert*
(gesendet 4. 5. 81 im Berliner Fenster)

Schnelle Labels

Mag als Beispiel das *Schlitz*-Label dienen. - Eingangs gabs den Plattenladen Schlitz in der Schönleinstraße, Umsatzstelle für Platten, Kassetten, Zeitungen aus unabhängiger Produktion, der jedoch aufgrund von Umsatzschwierigkeiten in ein Schlitz-Café verwandelt wurde, das aufgrund von Umsatzschwierigkeiten geschlossen wurde.
Das Schlitz-Label entstand, Verträge und Verhandlungen mit Gruppen wurden vorgenommen, fertige Plattenproduktionen wurden jedoch nie ausgeführt. Wozu auch, der Verschleiß durch die Geschwindigkeit, mit der sich die Gruppen bewegen, macht die Realisierung von Ideen überflüssig; die Idee als Realität genügt vollauf.

aus Tomate. *Gruppenfoto (Geige, E-Gitarre, Schlagzeug, Harfe)*

Das S.E.W. (Schnelle EinbauWohnungen)

Wo darf man anfangen, wo darf man aufhören?

Members of the club:
a) Onkel Utho EinEnkel
b) Geralder Spalte-Hundefut
c) Leder Lederstrumpf
d) Frau Dr. psych. E. Bolz
e) Tante Luti (Francfort/tennessee)
f) Frau Dr. Heim

Ort der Handlung
Eine Wartehalle. Leute kommen und gehen. Sechs
verschiedene Darsteller. Die Kleidung der Darstel-
ler wird untereinander gewechselt. Undefinierba-
re Geräusche im Hintergrund. Die Hauptfarbe ist
hirschrot. Weißes und blaues Licht. Sechs treten
gegeneinander auf.

Wird in Deutschland viel gearbeitet?
Wird in Deutschland viel Zeitung gelesen?
Wird in Deutschland auch rechts gefahren?
Wird in Deutschland besser gezahlt als hier?
Wird in Deutschlang viel geraucht?

Unser Speisezettel vom Karfreitag 1946:
Goldbarschfilet gebacken
Remoulade
Kartoffelsalat
Wir möchten darauf hinweisen, daß wir uns (fast)
ausschließlich von Vitalkost ernähren.

Das S.E.W. *(Schicke Erotische Westautos) 1978–81:*
10 Projekte, davon das Sauberste:
"Erna Schimpanski und die 8b" beschreibt den tri-
sten Kleinkampf einer gütigen, konservativen Leh-

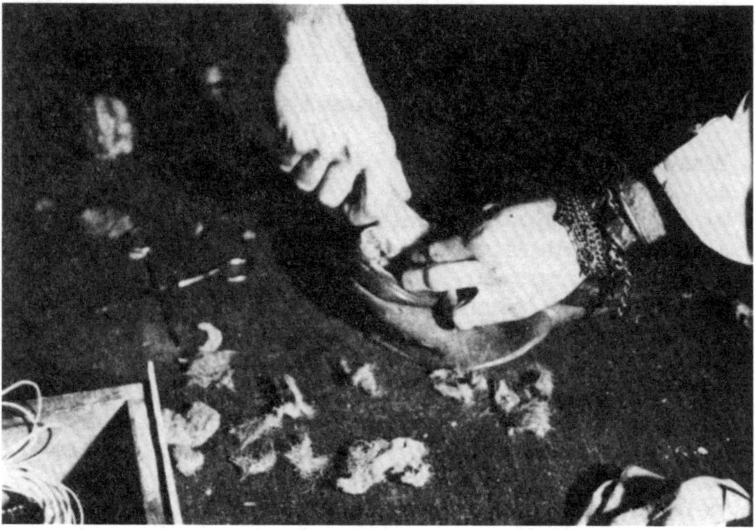

Phase I: Handwerker bei der Herstellung eines modischen Schuhs
Phase II: Hackelschuh aus Knochen (Absatz) Knorpel/Schimmel/Gewe-
beteile vom Tier/Fellreste *(Modell: Ufermöhler 1981)*

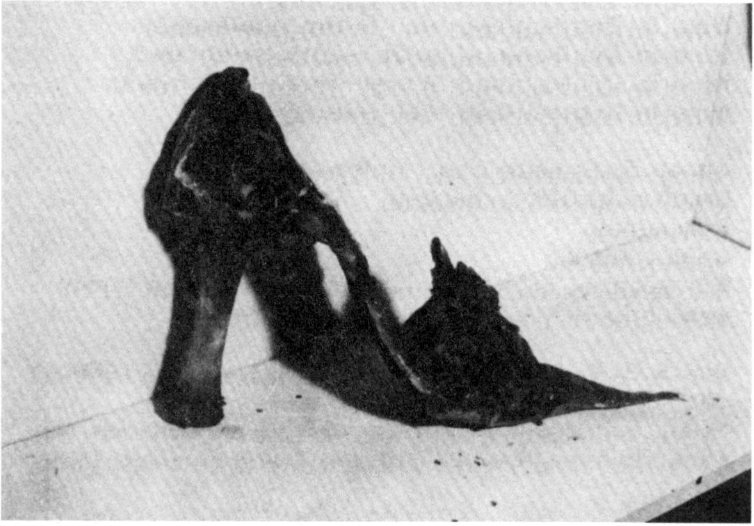

rerin in einer Gesamtschule in Nordhessen. Einge-
blendet werden Zitate, die, idealisiert, ihr Leben
prägten.

Wir sind autonom. Wir haben ungeahnte Möglichkeiten. Wir entwickeln Ziele. Wir möchten keine Mo-
ralpredigt sein, sondern wir möchten euch nur einmal zeigen, daß es ohne euch nicht geht. Wir werden Wettbewerbe und Preisrätsel durchführen. Wir
meinen, Geschmack ist Fiktion.

Das, was wir heute machen, ist eigentlich das, was
man uns heute nicht mehr bieten kann: der Ersatz für die freie Jagd. Wir sehen unsere Aufgabe
als Theatercompanie u.a. darin, alles der Form zu
widmen nichts dem Inhalt, wobei wir glauben, daß
die Form zerstört werden muß.

Ich lese alles, was interessant ist.
Ich kaufe nichts, was billig ist.
Ich trage nur, was modern ist.
Mir gefällt alles, was extravagant ist.
Ich
Mir

Zum besseren Leseverständnis hier ein spontanes
Interview mit einem der Mitglieder des S.E.W.
(Sei Ein Werktätiger). Frager ist Onkel Utho, Ant-
worter ist Geralder.
O.U.: Hi, Geralder, hast du etwas dagegen, wenn
ich dir einige Fragen stelle?
G.: Nein, ich habe nichts dagegen.
O.U.: Einige Fragen zu deiner Person, bist du
verheiratet?
G.: Nein.
O.U.: Hast du Kinder?
G.: Nein, aber später hätte ich gerne eine klei-
ne Tochter.

O.U.: *Wie gefällt es dir in der Theatergruppe?*
  G.: *In der Theatergruppe habe ich viel Spaß. Zu einigen Leuten habe ich allerdings noch nicht den richtigen Kontakt gefunden.*
O.U.: *Wohnst du in Berlin?*
  G.: *Ja, und zwar in einem Haus in der Yorckstr.*
O.U.: *Hast du schon mal bei einer anderen Theatergruppe mitgemacht?*
  G.: *Ja, ich habe schon in der Theater-AG der Beethoven-Oberschule in Lankwitz mitgemacht.*
O.U.: *Hast du ein Hobby?*
  G.: *Ja, ich treibe sehr viel Leistungssport.*
O.U.: *Herzlichen Dank.*

Wir können eigentlich fast alles. Zur Zeit vertonen wir eines unserer Stücke. Es gibt Videotapes von uns. Es wird Videotapes von uns geben. Außerdem arbeiten wir an einem interessanten Buch: Sekundärliteratur über die *Trilogie der Schimpanski*, Unterrichtsmaterial für Realgymnasien.

Folgende Daten bitte merken:
Dienstag, den 18.6.1978 : Wir haben die Erkenntnis, daß das, was dem Schema F der Klassik nicht entsprach, daß sich daraus die Kosmetik entwickelt hat.
Freitag , den 23.9.1980 : Wir kommen zu der Auffassung, daß wir den Sommer von nun ab auf Campingplätzen am Rande von Großstädten verbringen werden.
Montag , den 5.11.1981 : Wir stimmen in der Ansicht überein, daß es schon immer eine Mohrrübenimita-

tion gewesen ist, die
über den Äther gesen-
det wurde.

Jeder von den Herren.
Jeder von den Damen.
Jede von uns Damen.
Jede von den Frauen.
Jede von uns Frauen.
Jeder von unserer Firma.

Können Sie das identifizieren? Bitte? Danke!

Foto: u.a. S.E.W.

Zeichnung: Tabea Blumenschein, Berlin 1981

Energiebeutel und Zeitblase
Dagmar Dimitroff

Wo die Natur dem lernenden Schaf nicht die Kraft
verweigert, ein gutes Schaf zu sein, kann es der
Mehrheit unserer Menschenkollegen doch nicht bestimmt sein, als geschmackvoll gemustertes Räup-
chen durch den Kosmos zu purzeln.
Dem Schaf kommt es aufgrund seiner schafigen
Identität zu, sich ausschließlich mit seiner materiel-
len Existenz zu beschäftigen.
Es ist dem Tod völlig ausgeliefert und frißt des-
halb vorher so viel es kann.
Der Tod kann es zu jeder Stunde ereilen, und so
erfüllt es fleißig seine, ihm von der Natur auferleg-
ten Aufgaben und hat nicht einmal im Schlaf Zeit.

*Die Zeit liegt hinter uns, zwischen Asien und Eu-
ropa, neben einer "Fotokopie der Geburtsurkunde
der Menschheit", man trifft dort ein paar zerlump-
te Soldaten, darunter den Schwätzer Brock und
einen armen Irren, der sich tatsächlich totgelacht
hat, als ihn eine Vision des auf dem Wasser wandeln-
den Petrus ereilte.*

In Wirklichkeit aber steckt die Zeit in einer mikro-
skopisch kleinen Hirnblase, die als pralles Säck-
chen zwischen den beiden Energiebeuteln des
menschlichen Gehirns klebt.
Sind die Energiebeutel eines Menschen ausreichend
mit Nahrung versorgt, der Stoffwechsel intakt, können diese eine solche Größe annehmen, daß sie die
Zeitblase zusammendrücken, und die Zeit somit zu
einem unwichtigen Thema für den Betreffenden
machen. Das Wachstum der Energiebeutel wird
durch die Wachstumsbereitschaft des jeweiligen
Energiebeutelträgers bestimmt. Es kann statistisch

belegt werden,daß die sozialen und genetischen
Zwischenhäutchen in keinem direkten Zusammenhang mit dem Energiebeutelwachstum stehen.Daß
es trotzdem nur wenigen Menschen gelingt, die
Zeitblase zu zerdrücken, ohne daß dies eine bloße
Begleiterscheinung des Todes wäre, hat seine Ur-
sache in den allgemein gefürchteten,aber notwen-
digen Wachstumsschmerzen. Wachstumsschmerzen
treten bei gesunden Menschen zwischen dem 17.
und 28. Lebensjahr auf,äußern sich als Zahnschmerz, Gelenkschmerz,Weltschmerz*und Kopf-
schmerz. Sie sind daran zu erkennen,daß sie aus
heiterem Himmel fallen,von Ärzten falsch diagno-
stiziert werden, und von witzelnden Dämonen be-
sessen sind, die dem Wachsenden suggerieren,er
habe Rheuma,Krebs oder die Gicht. Spätestens in
dieser Phase hat jeder Energiebeutelträger seine
erste ernsthafte Begegnung mit dem Tod. Viele
begehen Selbstmord. Einige wenige überstehen
diesen Kampf schadlos.
Sie zerdrücken die Zeitblase,deren Saft nun durch
sämtliche Gehirnwindungen läuft, um schließlich
durch eine winzige Öffnung in der Schädeldecke,
die ungefähr den Durchmesser einer Stecknadel
hat, herauszuspritzen. Dieser Vorgang leitet das
zweite gefährliche Abenteuer des Energiebeutelträgers ein,er muß jetzt darauf achten,daß niemand
die kleine rote Wunde entdeckt,die er von nun an
mit sich trägt. Auch hat er von diesem Zeitpunkt
an nicht mehr das Recht sich mit überflüssigen phi-
losophischen Gesellschaftsspielen zu beschäftigen.
Dies würde seine Wunde erneut aufbrechen lassen,
womit er für die Menschheit nutzlos würde,die ihn
dann den Ärzten und sogenannten Dämonen über-
ließe.

---

* Din - A - Testbild *"Realität - das ist die Anerkennung unseres Wahn-
sinnszustands"* Keinen Schmerz mehr empfinden beim 32. Knall der
Atombombe?

Wenden wir uns nun den Millionen Energiebeutel-
trägern zu, deren Schmerzen fälschlicherweise gesellschaftlich beseitigt oder auf spätere Zeit ver-
drängt worden sind.
Aufgrund ihres langsamen Lebenstempos bieten diese hervorragende Gelegenheit zu einigen patholo-
gischen Betrachtungen.
Man konnte durch Schädelöffnungen feststellen,
daß bei diesen Mitmenschen die Energiebeutel merk-
würdig geschrumpft waren und eine faltige, poröse
Oberflächenstruktur aufwiesen. Die Zeitblase hingegen war in einen gut durchbluteten Schleimman-
tel gehüllt, der bei Berührung nervös zusammen-
zuckte.

Kitty Cidney - Sprung aus den Wolken *Foto:MaLe*

Man konnte überdies herausfinden, daß eine bestimmte Gruppe dieser Menschen auf Rhythmussig-
nale, die aus einer elektronischen Apparatur abge-
geben wurden, in fast identischer Art und Weise

reagierten. Ihnen lief ein Blutstoß aus der Scham-
gegend bis in den Kopf, färbte diesen für einige
Sekunden rot, und sogleich begannen sich Arme
und Beine in gefälliger Harmonie zu bewegen.Das
Blut kehrte in die Scham zurück und auf den Ge-
sichtern erschien ein Ausdruck lebhafter oder zu-
rückhaltender Verständigung mit einem uns unsicht-
baren Gegenüber.

Unsere erste Theorie angesichts dieses Phänomens
war die einer Art gestischen Kodierung,die es uns
unmöglich machen sollte, ihre Denk- und Gefühls-
strukturen zu durchschauen. Da es aber während
dieses einen Jahres,das wir mit der Entschlüsse-
lung ihrer Botschaften zubrachten, zu keinen aus-
sergewöhnlichen Ereignissen kam und sich Fantasie nur beim Arrangieren ein- oder zweigeschlecht-
tiger Paarungsakte erkennen ließ,mußten wir diese
unterhaltsame,psychoanalytische Arbeitsweise als
unbrauchbar verwerfen.

Wir suchten nach gemeinsamen Wurzeln,nach einer
Ebene,auf der wir uns *gemeinsam* bewegten, wa-
ren wir doch alle Menschen. Die Suche nach dem
Gemeinsamen führte uns zu den Unterschieden.

Hatten *wir* uns nicht auf scheinbar mühelose
Weise unserer Zeitblase entledigt,während unsere
Brüder und Schwestern dieses zuckende Geschwür
noch immer mit sich herumtrugen!

Dann waren ihre scheinbar zufälligen Bewegungen
vielleicht nicht nur überflüssige Adaptionen belie-
biger Rhythmuskombinationen! War es nicht viel-
mehr der sorgfältige Aufbau eines Spannungsfel-
des,das ihnen durch den Tanz die Kraft geben sollte, ihre Energiebeutel zu straffen und den irdi-
schen Ekel der Zeitblase endgültig zu zerquetschen.

Wir nahmen Differenzierungen wahr,sie waren sich
gar nicht so ähnlich, jeder war anders,auf seine

ganz persönliche Weise. Ein buntes, schillerndes Häufchen, das nicht als armseliges Arbeitsvieh dahinvegetierte.

Hier trafen wir auch den Guten Geschmack wieder, an den wir uns kaum noch erinnern konnten. Wir entdeckten eine grenzenlose Kreativität, die sich unbekümmert und *frei* über hunderte Meter kostbarer Leinwand, Magnetbänder und Zelluloidspulen erstreckte. Es konnte ein gewisses süchtiges Verlangen nach geschmackvollen Produkten und Produktionen beobachtet werden, welches anläßlich verschiedener Vorführungen in den dafür eingerichteten Klubs in kollektiv vereinzeltem Größenwahn seinen Ursprung wiederfand in beinahe christlicher Religiosität, bei Shakespeare und Mozart.

In den letzten 500 Jahren europäischer Kulturanhäufung und -vernichtung war es ihnen nicht gelungen, die zum Überfluß vorhandene kulturelle Materie zur Straffung ihrer Energiebeutel zu benutzen.

Die Zeitblase war ein unentbehrlicher Bestandteil ihres empfindsamen Genies geworden.

Volker (Mekanik Destrüktiw Komandöh)*bei der Kissenschlacht*
(Foto: ÜZ,M.)

Projekt (im Exzess)
Köster/Gut

(Kassettenrecorder, Plattenspieler, Echomaschine,
Rhythmusgerät, Mikrofon)

1. Majakowski PVR
2. Kriminaltango Textübersprechen
   Echo & Rhythmus
3. Aufstand Rhythmus   DUBIMBRAKE
   Überleitung zu Tape
4. Nachrichten etc.
5. Ich will nen Cowboy als Mann
   Rumspielen evtl. mitbringen
6. Delilah Tom Jones DUB (?)
   Tapes unterlegen
7. Computer Nr. 3
8. Schluß Tape BRD

Gudrun Gut beim Schlagzeugspielen

"Wort-Schmerz I" 1979-81 *
Klaus Hoffmann

zwei-personen-stück   *solo für schlagzeug.*
                           satyr-spiel
"du hast signalisiert,du stehst auf schläge. okay!
ganz schön mutig von dir.aber du solltest für den
anfang eine gute polsterung wählen,reduzierung
schrittweise.okay,ich kann dich meinetwegen auch
festschnallen.nun,wir können auch den slip ver-
kürzen und die hinterreifen hervorholen.ich werde mit 'ner kleiderbürste die haut ein wenig in bewegung bringen,das blut nach oben holen,damit's
dich turnt von anfang an.wenns nachher zu weh
tut,mußt du schreien,zumindest lauter sein als die
stock-schlag-geräusche,wenn der stock tanzt,tanzt
er mit laune,und du müßtest ihm schon sehr eindeutig stopkommandos erteilen.
bist du soweit?gleich tanzt der stock hier hinten,
und deine aaschbacken können ja mittanzen.gleich
beginnt es: der tanz des stockes und der tanz -
ach,wir nehmen erst eine aaschbacke.wenn das zu
arg wird,nehmen wir die andere.die können ja
hübsch nacheinander auch tanzen.oder nehmen wir
beide zur gleichen zeit? ein stock oder zwei? also
okay,wir nehmen zwei stöcke,und jede backe kann
mit ihrem eigenen stock tanzen und wimmern.du
wirst sehen.die machen einen sautanz zur gleichen
zeit...
hallo,du seufzst und stöhnst ja schon vorab.mir
ist recht,wenn du schon mal schreist,gleichsam
auf kredit und per vorschuß.so ist das nicht ge-
meint.langsam,langsam,wir haben viel zeit.um so
besser kannst du dich auf den schmerz konzentrie-
ren.nur geduld,wir nehmen uns zeit,vielleicht kommen noch ein paar voyeure dazu,damit die sache
richtig geil wird. erst geht es dir zu schnell,jetzt
* *fassung vom 5.12.81*

106

Schlagzeugkurs

wir brauchen

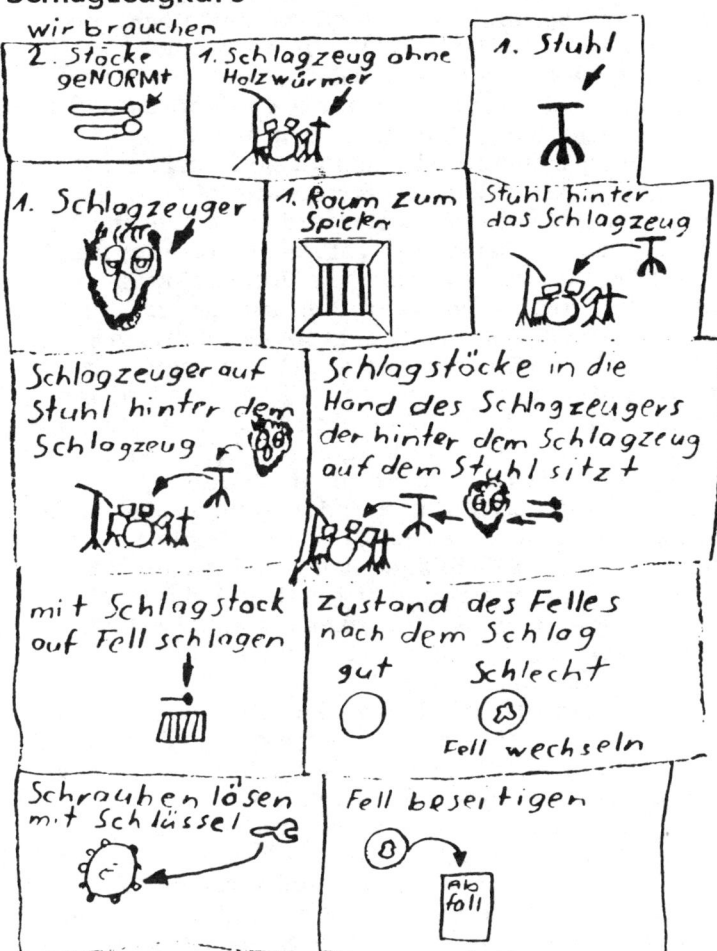

2. Stöcke geNORMt*

1. Schlagzeug ohne Holzwürmer

1. Stuhl

1. Schlagzeuger

1. Raum zum Spielen

Stuhl hinter das Schlagzeug

Schlagzeuger auf Stuhl hinter dem Schlagzeug

Schlagstöcke in die Hand des Schlagzeugers der hinter dem Schlagzeug auf dem Stuhl sitzt

mit Schlagstock auf Fell schlagen

zustand des Felles nach dem Schlag

gut   Schlecht

Fell wechseln

Schrauben lösen mit Schlüssel

Fell beseitigen

Abfall

*aus Norm 1/ Gruppe normmmmmmmmmmmmm, 1981
Sammlung Mutfak

zu langsam.wer soll das verstehen? sag,wann
der tanz beginnen soll, der tanz der stöcke und
der tanz der backen. wart nur ab,der tanz wird
heiß.es wird hardrock werden.kannst du's noch
erwarten? die eisbeutel für die ganz bösen schwel-
lungen hole ich schon immer mal her.
wir haben zeit und wir können noch warten. du
kannst vorab erneut seufzen und stöhnen.meinet-
wegen schon jetzt wimmern und auch schreien.dann
kannst du dirs ersparen für nachher.wenn man
das hört, du stöhnst wirklich vorab,ohne jeden
hieb.du mußt sagen,wann dein mut am größten ist.
dann lege ich los, dann beginnt der tanz.was soll
das? ich bemerke,du hast angst.man merkt das an
deinem atem und an dem schweiß auf deinem gesicht und auf dem rücken.man kann ja echtes mit-
leid empfinden.ich binde dich los.bei so viel angst
kann der tanz der stöcke nicht beginnen.deine
aaschbacken zittern ohne jeden schlag. sie tanzen
ohne jede musik. wer hätte das gedacht? schade
um diese trommelschläge. sag, ob ich musik machen soll, die musik der rohrstöcke? die Musik,
backe für backe? arschbacken- und rohrstock-
musik,solo für schlagzeug? ja,jetzt hab ich auch
den titel für das stück!
weil ich jetzt den titel habe,kann das stück abfah-
ren.ist die hintere bühne frei,die arschbackenbüh-
ne? die rohrstöcke möchten jetzt tanzen.auf der
hinter-bühne,warte nur ab,wird es gleich heiß werden,sauheiß.du mußt sagen,wenn der vorhang
hochgehen soll,wenn die stöcke tanzen sollen und
die arschbacken gleichfalls.faules,feiges stück.
du schweigst? du willst keinen tanz? weder den
tanz der stöcke noch den berühmten,jahrtausende-
alten backentanz? den tanz des aasches,während
die stöcke den rhythmus geben?
wenn du willst,lassen wir nur einen stock vorläu-
fig und auch nur eine arschbacke tanzen,der an-

108

Schlagzeug
Zeichnung: Tabea Blumenschein, Berlin 1981

dere stock und die andere backe tanzen später.
vorhin wolltest du tanzen! der stock möchte es
auch. nach soviel mut im voraus wird's dir hinten
mulmig,ich versteh.ich frage mich,wieviel schmerz
dein arsch wirklich erträgt.ich werde jetzt neugie-
rig.okay,dein aarsch will tanzen.pardon,aber jetzt
wollen die stöcke nicht.saustöcke! ich werde sie
überreden müssen: wollt ihr gefälligst? nichts zu
machen. dein arsch wird unterdes kalt,obwohl er
ein tänzchen durchaus möchte.tut mir leid,die stök-
ke wollen nicht!
will dein arsch noch immer? tut mir leid,die stök-
ke verweigern jeden tanz. die sagen,du sollst dich
selber ficken,und dein arsch soll anderswo tanzen.
dummer arsch, fick dich und tanz dich selber,
wann und wo du willst,aber anderswo.
mir ist die sache jetzt leid. du weißt wirklich nicht,
was dein arsch will und was nicht.sieh da,warum
nicht gleich: die stöcke wollen,aber ich werde dei-
nen arsch nicht noch einmal fragen,ob er tanzen
will und das schlagzeug sein,auf musik erpicht ist.
deine backen müssen jetzt tanzen,und sie werden
die musik bekommen,welche ihnen zusteht.meinst
du nicht auch,daß die jetzt geile musik brauchen,
richtigen hardrock,schläge nach noten,die sich ge-
waschen haben,richtige arschbacken. und rohr-
stockmusik? stock frei,rhythmus frei,die musik
kann beginnen,deine musik und der mehrfache tanz,
dein wimmern und deine schreie.ich will sehen,was
du daraus komponierst,nun,man wird es sehen und
hören...
ich zähle bis 10,nun,meinetwegen bis drei.unwi-
derruflich,eins,zwei...stop,ich habe mirs überlegt
das stück ist zuende,pardon.es ist auf dem band
verzeichnet: die worte meiner rede,deine ängste,dein
schweigen,dein mut,dein seufzen,dein zittern,unsere
geilheit.alles ist erfaßt.wort-schmerz,d.h. dieses mal,
ich habe schmerzen verbal erzeugt,durch worte.ende
des stückes."

Das Foto-Dokumentar-Archiv
Wolfgang Müller

In nächster Umgebung der Yorckbrücken befindet
sich in einer 3-Zimmer Wohnetage das Foto-Dokumentar-Archiv (kurz: F.D.A.).
Die allgemeine Bezeichnung des Archivs läßt darauf schließen, daß es sich bei der Fotosammlung,
die es umschließt, um eine in Thematik und Stili-
stik allgemein gehaltene, alles umschließende handelt. - Mit dem Grundsatz, daß ohnehin zuviel produziert, bzw. geknipst werde, steckt sich die kleine Organisation das Ziel, unverarbeitetes und "zu-
fälliges" Bild-Material zu sammeln, ggf. zu rekon-
struieren, zu dokumentieren.
So sammelt sich in mehreren Büroordnern allmählich mehr und mehr Material für die Nach-Kriegs-
zeit an.
Zunächst jedoch wird vorliegendes Foto-Material
einer eingehenden Beobachtung durch die beiden
jungen Archiv-Verwalter unterzogen. Nach spezifischen Merkmalen geordnet/eingeteilt, finden sie
sodann ihren Weg in die diversen Abteilungen. Diese umfassen nahezu alle bekannten Stilrichtungen/
Themen der mehr oder minder zufälligen Fotografie
seit der Nachkriegszeit. Unter Berücksichtigung
der besonderen geografischen Lage West-Berlins
und der BRD, stammt das Material vorwiegend aus
mitteleuropäischen Breiten.
Da ist zunächst einmal die größte Abteilung: Mensch.
In ihr vorhanden: Serien von Männern und Frauen
bei kulturellen Zusammenkünften wie Geburtstag/
Hochzeit/Tod/Tanzabend etc. und ihren darauf
bezogenen typischen Verhaltensweisen lustig/trau-
rig/böse/exaltiert etc.
Kontrastreihen entstehen durch weitere Differenzierungen in der Unterabteilung Kultur durch

111

Mann/Frau (bei Hochzeit),Witwe/Verstorbener(bei
Beerdigung) oder schlicht nach formalen Grund-
sätzen:Paßbild-Porträts (mit Verkleidung beim Fa-
sching),Polaroid-Foto (Stimmungsbild). Wir finden
weiterhin: Ausdrücke beruflicher Ambitionen,see-
lische Erkrankungen,Psychosen,Tiere in Haus und
Garten,Hobbys,Autos,Pflanzen,Kunstfotografie
und vieles mehr.
Die systematische Einteilung in die Kategorien ist
jedoch nur der Grundstock für die anschließende
Öffentlichkeitsarbeit.Gefundene,stark beschädig-
te und verschmutzte Fotos werden sorgsam restau-
riert und anschließend mit dem übrigen Material
auf 16mm Film abgefilmt. Jedes Foto 5 sec.Bei frei-
em Eintritt werden nun diese Filme in regelmäßigen
Abständen öffentlich gezeigt.
Nach und nach melden sich Personen,die sich oder
nächste Angehörige im Kino wiedererkennen,und
ihren Anspruch auf Filmgage erheben. Dem Anlie-
gen wird in der Regel stattgegeben, es handelt
sich um kleine,aber lohnende Beiträge,die der
solchermaßen identifizierten Person übergeben
werden,wenn die betreffende Passage aus dem Film
herausgeschnitten ist. Der Film wird um eine weitere,noch anonyme Person an dieser Stelle ergänzt.
Die Organisation arbeitet auf nicht-kommerzieller
Ebene,erhält keinerlei Zuwendung von Senat oder
anderen Institutionen.Es geht ihr,wie man der vor-
liegenden Schilderung entnehmen kann,nicht darum,Verbindungen und soziale Kontakte (wie Bil-
derdienst des Deutschen Roten Kreuzes,Vermitt-
lung von in den Kriegswirren verschollenen Ange-
hörigen,Identifizierung etc.) zu ermöglichen,son-
dern einfach und schlicht darum,auf unkonventio-
nelle Weise in der Nachkriegsperiode verschwun-
denes,selbst zerstörtes oder gedankenlos ver-
schludertes Fotomaterial rechtzeitig wieder mit seinem Ursprungspunkt zu verknüpfen,um Einheit

zu wahren, das Chaos zu begrenzen, am Ursprungspunkt derartiger Aktion mit neuer Energie wieder bewußter zu arbeiten und zu leben.

Die Filmhonorare werden aus Spenden finanziert und den betreffenden Personen gleichsam in einer Art Köder hingeworfen, zum einen, um die Sammlung nicht ausufern zu lassen und einen Anreiz zu bieten, sich überhaupt zu melden. Dem Gros der Zuschauer ist die Ernsthaftigkeit des Ziels des F.D.A. längst noch nicht bewußt und völlig suspekt, die Honorare sind somit nur ein Provosorium, solange, wie die Bedeutung der Aktion nicht wahrgenommen wird.

Zum anderen ist diese Handhabung notwendig, um eine zügige Bearbeitung nicht ins Stocken zu bringen und die Existenz des Archivs nicht zu gefährden.

Ein weiteres Feld sind die kleinen Ausstellungen, in Intervallen stattfindend, die preiswert und ohne großen Werbeaufwand, speziell das Fotomaterial auf dem Sektor Kunst-Fotografie ins rechte Licht rücken. Die Fotografie als Ausdruck schöpferischer Schaffensfreude und sozial-kritischen Engagements findet ihre Berechtigung besonders dort, wo sie als Medium zwischen Künstler und Betrachter als vermittelndes Element fungiert. Sie können als bewußtseinserweiternder Faktor, als Anreger wirken. Solchermaßen Kunst-Fotos werden verkauft als Originale. Die Persönlichkeitsrechte des Künstler/Modells treten in den Hintergrund und schaffen so die Grundlage zum moralischen Verkauf am zufällig interessierten. Kunst-Fotos der Organisation stammen überwiegend von noch unbekannten Künstlern, große Namen verpflichten, diese Werke natürlich umgehend (wie bei Pässen, BVG-Monatskarten etc.) dem Produzenten weiterzuleiten.

Das Foto-Dokumentar-Archiv ist sich seiner öffensichtlich sozialen Verantwortung wohl bewußt und würde sich unterstehen, privates Material zum Eigennutz oder gar zur persönlichen Verunglimpfung zu benutzen. Die Mitarbeiter tragen daher ein hohes Maß an Verantwortung, um die Arbeit und Glaubwürdigkeit nicht aufs Spiel zu setzen. Auch im Einzelfall wären die Folgen verheerend.

Für jeden Interessierten steht die Sammlung nach vorheriger telefonischer Absprache offen, ausgeschlossen sind lediglich die Einsichtnahme von Fotos, die Menschen in intimster Beziehung oder in gesellschaftlich entblößender Haltung, im Krankheitsfall, hilflos abbilden. Nur bei Nachweis einer überstandenen solchen Situation kann unter Umständen Einwilligung zur Einsichtnahme gegeben werden, das Foto dem Ursprungspunkt zugeführt werden.

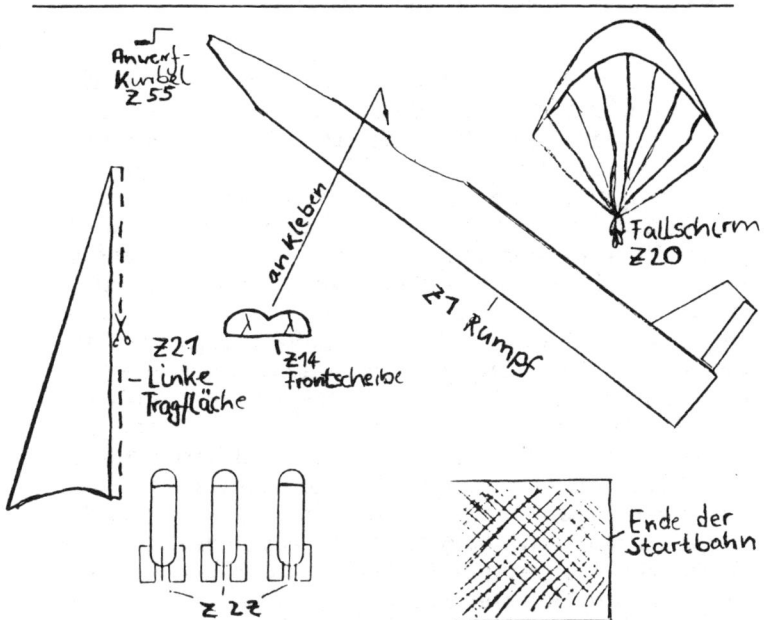

Das schöne ZK-Geschenk...Hier ist er! Der große
ZK-Bombenträger-Flieger zum Selbstbauen. Sicher
steckt nicht in jedem von euch ein großes Bastel-
talent, doch verzweifelt nicht. Wenn ihr euch an die
Bastelanleitung haltet, kann nichts schiefgehen. Um
die Sache ein bißchen spannender zu machen, könnt
ihr euch einige Teile des Fliegers selbst konstru-
ieren. Falls ihr trotzdem nicht zurecktkommt, for-
dert B.-Anleitung, 2. Teil(Anfänger) beim großen
Campino oder bei Tour Manager A. Frege an.
Viel Spaß. *

* *Der Bastelbogen wurde nebst der Konstruktions-
beschreibung bei den Konzerten der Gruppe* ZK
verteilt. Sammlung Mutfak

Sentimental Orbit
Detlev Holland-Moritz/Udo Ohliger

Orcan Roccanwood orderte einen Fluxus-Cocktail
und machte es sich mit dem farbenfrohen Getränk
in seiner Sitzschale bequem. Der Schnelle Raumer
Handicap der *Transgalactic Space Ways* würde
nicht länger als drei Stunden brauchen, um ihn
zu seinem Ziel zu bringen. Orcan wollte auf *Libido*,
einem Vergnügungsplaneten im BlueWonderSystem,
seinen wohlverdienten Wochenendurlaub verbringen.
Der hagere, dunkelhaarige AstroRadioExperte mit
den graugrünen Augen versah seinen einsamen,
nervenzehrenden Dienst auf einem vorgeschobe-
nen Außenposten des *Reiches*. Alleine mit den fünf
Robotern hatte er den Auftrag, die AstroRadio-
und Lichtspruchanlagen auf dem Asteroiden *Com 51*,
einer wichtigen Relaisstation für das transgalakti-
sche Kommunikationssystem, zu reprarieren und
zu warten - eine Arbeit, die ihn noch monatelang
in Anspruch nehmen würde.
Orcans einziger 'zwischenmenschlicher' Kontakt
seit Wochen war *Laster*, sein persönlicher Roboter,
zwangsläufig treu, durchaus lieb programmiert und
stets ein guter Unterhalter, aber eben nur ein un-
vollkommener Ersatz für eine wirkliche, warme,
menschliche Beziehung.
Und so sehnte sich Orcan ganz einfach nach einem
Menschen, zu reden, zu trinken, anzufassen. Enttäuscht hatte er schon feststellen müssen, daß die
einzigen Passagiere außer ihm *Laundrer* waren, ein
Volk von Echsenabkömmlingen aus dem Sternenhau-
fen *M 13*.
Naja, bald würde er auf *Libido* landen. Er freute
sich darauf. Er dehnte seine langen Beine von sich
und schlürfte erwartungsvoll träumend an seinem
Cocktail.

116

Leise begann die blaue Musik zu spielen und baute transparente Klangsäulen im Raum auf, die rhythmisch pulsierten: von ihnen ging eine kraftvolle Sexualstimulation aus, die im Einklang mit der erregenden Musik bei den Besuchern des *Sentimental Orbit 36* eine überwältigende Lust in den Schenkeln freigab. Ein go-go-girl täuschte einen treibenden Orgasmus im Raum vor, aber Orcan hatte nur Augen für den schönen Unbekannten, der an der Wand schräg gegenüber lehnte und seine Frisur in einem kleinen Taschenspiegelchen begutachtete. Immer öfter begegneten sich ihre Blicke für einen scheuen Moment, Zufall für sie beide, gewollt und wieder ableitend voneinander auf das Geschehen der Musik.
Orcan spürte ein leises Stechen im SolarPlexus: ein Zeichen des Verliebtseins? Rhythmisch wogte die Erregung heran; sein Schwanz wurde groß und wollte sich vorsichtig aus dem Leibgurt schieben. Der blonde Junge stand unbeweglich an der Wand. Wie sollte er ihm begegnen?
Sein Lächeln war spielerisch, als er vortrat und mit zielsicheren Schritten auf Orcan zuging. Doch ihre Blicke waren haltlos: die Unsicherheit noch längst nicht überwunden; der forsche Vorstoß ein faux-pas. Orcan verschluckte den Atem; dumpf zog der Schmerz durch die Magengegend.
Scheinbar zufällig wie nebenbei schritt der Fremde durch den Raum, kam vor Orcan zum Stehen und grinste ihn an. Ein sanfter Blick leuchtete aus seinen braunen Augen zwischen langen seidenen Wimßern hervor.
Aber kurz vor ihm schwenkte der Fremde abrupt zur Seite, um sich unweit von ihm an die Wand zu lehnen. Offensichtlich: ein kurzer, unsicherer Blick traf den AstroRadioExperten tief in seiner Verlegenheit.
"Mein Freund. Laß uns die Nacht besiegen!

Laß uns die düsteren Dämonen für einen Moment
aus unseren Herzen treiben!"
Die eindeutigen Worte des Fremden trafen Orcan
in seiner Unsicherheit und erschrocken wandte
er sich ab.
Konnten die Klangspiele aus Orcans Position besser beobachtet werden? Der schöne Fremde beweg-
te sich geschickt von der anderen Seite des Rau-
mes hin zu Orcan, um sich den tönenden Hologra-
fien hinzugeben.
Enttäuscht war Orcan: nicht anzufassen, nicht zu
wärmen diesen Jungen, stumm das Zeichen des Ver-
liebens.
Nach einer Zeit quälender Distanz fanden die Klangspiele ihr Ende: die Begegnung fand nicht statt.
Orcan und der Fremde gingen ihrer Wege.
Laster würde sein robotisches Verständnis zeigen
und ihn trösten, seinen Traum unterstützen und
ihm helfen, seine Unfähigkeit zu vergessen, seine
Enttäuschung zu überwinden. Zurück im Alltags-
leben würde Orcan Zeit haben zu träumen von dem
blonden Jungen, dem er sein Herz hätte schenken
mögen für jene Nacht. Zurück auf *Com 51* wird er
sich erinnern an die vergeblichen tiefen Blicke im
Sentimental Orbit 36, an die Augen, die Gestalt,
den SexAppeal, der ihn gefangen nahm und den
er nicht vergessen kann.

Vgl. "Kalte Sterne"/Einstürzende Neubauten/ Zickzack 1981, zeigt Ab-
lenkung einer Kriegsgefahr durch Science Fiction (Flugblatt des MDK
"Die neue große Lüge": TV-Sternenkrieg/Gruppe Partisan, Juli 1980)
als unweigerlicher Fakt "... wir sind kalte Sterne, nach uns kommt
nichts mehr."

120

Fuß-Note
Heidi und Peter

Die diesen Verlag machen, sind weder je kaufmän-
nisch tätig gewesen, noch haben sie je irgendeinen Verlag von innen gesehen, noch auch Roma-
nistik studiert oder sich an Ort und Stelle (Vin-
cennes, Collège de France) intelektuell umgese-
hen.
Als Leuchttisch für graphische Arbeiten dienen
Fensterscheiben und Glühbirnen in der Fabrik-
etage. Unsere Setzerin arbeitet mit 2-Finger-Such-
system. Unsere Werbung besteht darin, an be-
stimmten Orten nicht in Erscheinung zu treten.
Wir haben in diesem Jahr ca. 2000 Rechnungen
über den Betrag von DM 4,90 geschrieben und
versandt. Kurz: Wir sind Dilettanten und bekennen uns fröhlich dazu, unseriös zu sein, schlech-
te und billige Bücher zu machen.
Uns verbindet mit diesem Band die Leute, die ihn
gemacht haben, die Musik, die wir hören, die
Orte, an denen wir uns treffen und die gemein-
same Arbeit. Was uns gefällt, ist, daß dieser
Band weder von professionellen Rockjournalisten
geschrieben wurde, noch daß er die übliche Pro-
motion-Tour enthält, daß er auch kein Dokumen-
tationsband ist, der Vergangenes aufarbeiten will
und Vorhandenes möglichst vollständig und fleis-
sig zusammenträgt; uns gefällt, daß er nicht von
anderen *über* andere gemacht wurde, sondern von
denjenigen, die selber Musik machen, die selber
eine Lebensweise, Orte und Ereignisse geschaf-
fen haben. Wolfgang Müller traf eine subjektive
Auswahl. Es sind Beiträge aus der Jetzt-Zeit,
zum Großteil extra für diesen Band erstellt. Der
Band hat dadurch vielleicht die Chance, daß etwas ablesbar wird, was nicht in die gängigen

Klischees paßt,mit denen man - von außen kom-
mend - allzu gerne schnell etwas abtut.
Das Hip Hip Hip Geklapper der Schreibmaschine
könnte auch eine Musik-Kassette sein. Die Töne
des Herzens wachsen aus diesen Büchern dunkel und tief. Die Schwingungen der Zeit reißen
an den Nervenenden. Jedes Wort ein Laut. Jeder Laut ein Schrei. Und ein großes Lachen. Da
blitzt etwas geniales auf. Auch wenn Musik eine eigene Sprache hat, spricht aus den Wörtern
dieses Bandes eine neue Musik. Auch das Bana-
le kommt zu Wort. Ein Tip für den Leser: laut
lesen! Es ist keine Schriftsprache,sondern eine
Lautsprache und eine Live-Sprache. In den Stimmen wird das Röcheln, der Speichel hörbar. Da
bricht etwas ein, da reißt etwas ab, endet kläg-
lich. Da bricht etwas auf, da hebt etwas an und
schwingt sich auf zu großem Stimmvolumen. An
den Grenzen unserer Sinne, da...

MERVE TITEL